Auf ein Wort zur Sicherheit

In diesem Buch dreht sich alles darum, wie man eine neue Fertigkeit erlernt und dabei eine Menge Spaß haben kann. Du solltest allerdings immer einen Erwachsenen fragen, bevor du eines der Projekte oder Rezepte in diesem Buch nachmachst. Bitte eine erwachsene Person, dir beim Kochen, Feuermachen oder im Umgang mit einem hier beschriebenen Werkzeug zu helfen. Sag auch auf jeden Fall einem Erwachsenen Bescheid, wenn du draußen etwas unternehmen willst.

Die englische Originalausgabe erschien 2022 unter dem Titel
Handbook of Forgotten Skills bei Magic Cat, London.

Klimaneutral
Druckprodukt
ClimatePartner.com/14438-2110-1001

2. Auflage 2024

Erste Auflage 2023
Deutsche Erstausgabe

Umschlaggestaltung nach Entwürfen
des Originalumschlags mit einem Motiv von Chris Duriez
Druck: Toppan Leefung Printing, Dongguan
Printed in China
ISBN 978-3-458-64379-1

www.insel-verlag.de

FSC
www.fsc.org
MIX
Papier | Fördert
gute Waldnutzung
FSC® C104723

Elaine Batiste · Natalie Crowley · Chris Duriez

Das Handbuch der vergessenen Fertigkeiten

Altes Wissen neu entdeckt

Zeitlos, nachhaltig und schnell zu lernen

Aus dem Englischen von Kordula Witjes

INSEL

Hast du dich schon einmal gefragt, wie das Leben war, bevor es das Internet gab? Deine Urgroßeltern hatten zwar keine Handys und keine Onlinespiele, langweilig war ihnen aber trotzdem nicht. Damals wussten eigentlich alle, was draußen so richtig Spaß bringt und wie man einfache Werkzeuge nutzt und Bastelarbeiten selbst herstellt, ohne Geld ausgeben zu müssen.

In der Zeit zurückzureisen ist zwar nicht möglich, aber ein paar der Freuden aus jener Zeit kannst du trotzdem erleben. Vergiss alles um dich herum, während du dir etwas Schönes nähst, oder finde dein Ziel mit Hilfe eines Kompasses. Vertreib dir die Zeit mit verschiedenen Knoten oder übe einen Münztrick. Oder du versuchst dich im Gärtnern und kochst dein eigenes Gemüse. Wenn du einfach mal Dinge mit deinen Händen machst, wirst du Talente an dir entdecken, von denen du nicht wusstest, dass du sie hast.

Die Fertigkeiten in diesem Buch mögen vergessen sein, aber sie warten nur darauf, dass genau so jemand wie du sie wiederentdeckt …

INHALT

KNOTEN KNÜPFEN

Erlerne die Kunst des Knotenknüpfens und du beherrschst eine der allerwichtigsten Fertigkeiten im Leben. Knotenknüpfen ist so alt wie die Menschheit. Seile wurden schon vor der Erfindung von Axt und Rad geknotet und heutzutage binden wir uns mit Knoten die Schuhe, stützen Brücken und backen leckere Hefezöpfe. Zum Glück musst du nur einige wenige Grundlagenknoten wirklich lernen und kannst mit ihnen schon fast alles sichern.

Der Aufbau eines Knotens

Als Erstes solltest du wissen, wie die verschiedenen Teile des Knotens heißen.

Bucht – halbrunde, u-förmige Biegung eines Seils

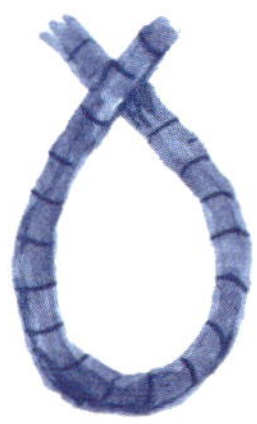

Auge – das »Loch«, das entsteht, wenn das Seil an einer Stelle übereinandergelegt wird

Kreuzpunkt – die Stelle, an der sich beim Knüpfen zwei Teile des Seils kreuzen

Loses Ende – das Ende des Seils, das bewegt wird, um den Knoten zu knüpfen

Stehendes Ende – das andere Ende des Seils, das nicht bewegt wird

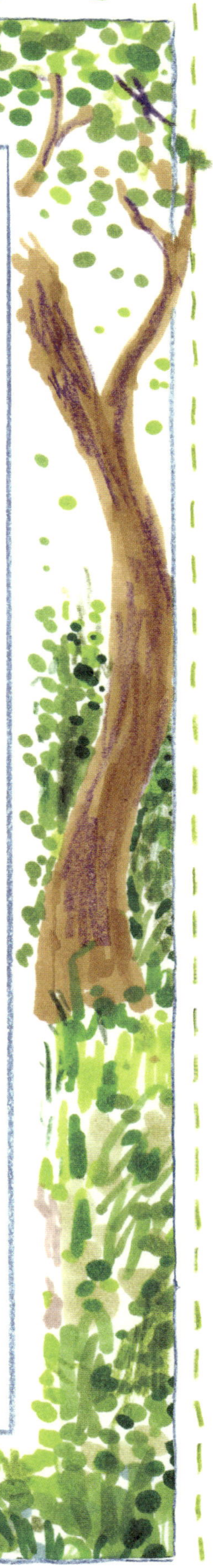

Die 40 bekanntesten Knoten auf einen Blick

1. Kreuzknoten
2. Webleinstek
3. Schotstek
4. Palstek
5. Topsegelschotstek
6. Achtknoten/ Achterknoten
7. Schmetterlingsknoten
8. Rückspleiß
9. Fassschlag
10. Doppelter Palstek
11. Trossenstek
12. Belegen einer Klampe
13. Einfacher Takling
14. Würgestek
15. Ankerstich
16. Diagonalbund
17. Doppelter Achtknoten
18. Doppelter Spierenstich
19. Augspleiß
20. Farrimond Friction Hitch

21

22

23

24

25

26

27

28

29

30

31

32

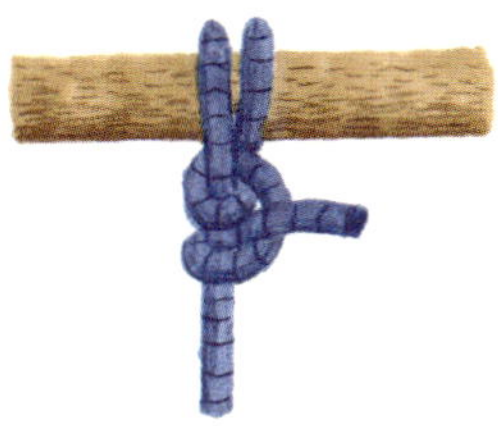

33

34

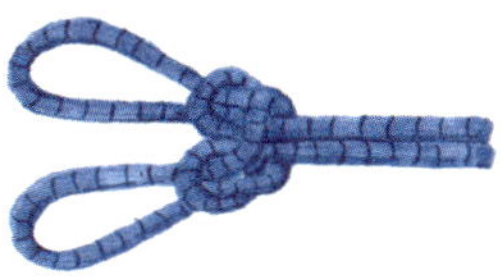

35

36

37

38

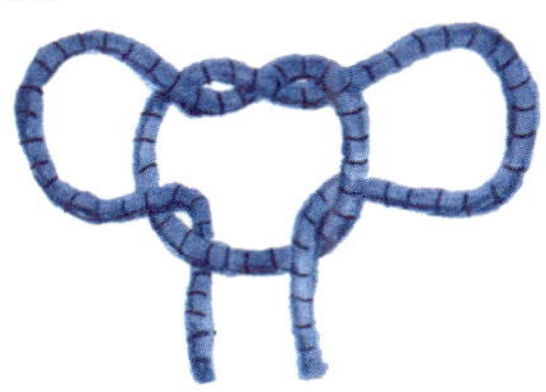

39

40

21. Spierenstich
22. Freundschaftsknoten
23. Halber Schlag
24. Marlspiekerschlag
25. Affenfaust
26. Anbindeknoten
27. Halbmastwurf
28. Überhandknoten
29. Anglerschlaufe
30. Stopperstek
31. Parallelbund
32. Rundtörn mit zwei halben Schlägen
33. Trompetenknoten
34. Spanischer Palstek
35. Kreuzbund
36. Stauerknoten
37. Zimmermannsknoten
38. Handschellenknoten
39. Fuhrmannsknoten
40. Zwei halbe Schläge

Schritt-für-Schritt-Anleitung für vier bekannte Knoten

Material: - 2 Seile - Zylindrisches Objekt (Baum oder Pfosten)

Webleinstek

Mit diesem Knoten kann ein Seil ganz einfach an einem Gegenstand befestigt werden, zum Beispiel einem Pfosten.

Schritt 1: *Leg das lose Ende des Seils in einer Bucht über den Pfosten. Das lose Ende sollte hinten herunterhängen, das stehende Ende hängt auf deiner Seite.*

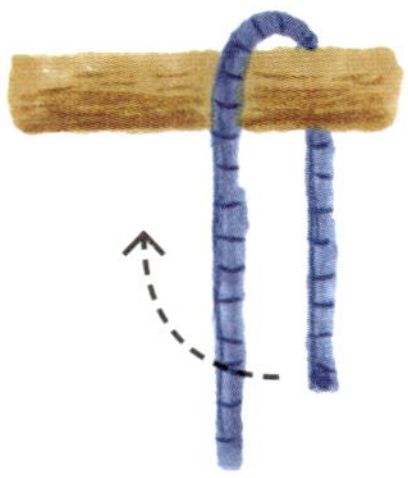

Schritt 2: *Führ das lose Ende nach vorn und lege es so über das stehende Ende, dass der Kreuzpunkt zu dir zeigt.*

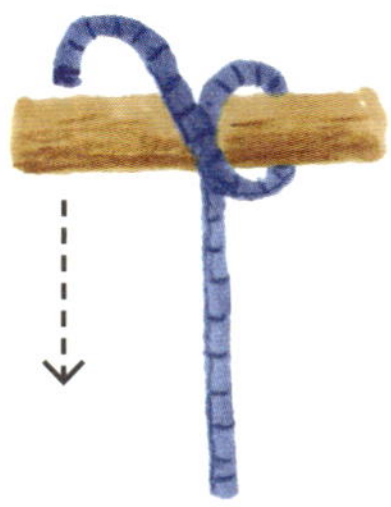

Schritt 3: *Führ das lose Ende wieder hinter den Pfosten, sodass es dort hinunterhängt.*

Schritt 4: *Führ das lose Ende wieder unter dem Pfosten durch nach vorn und unter dem dort schon liegenden Seil, links vom Kreuzpunkt, durch.*

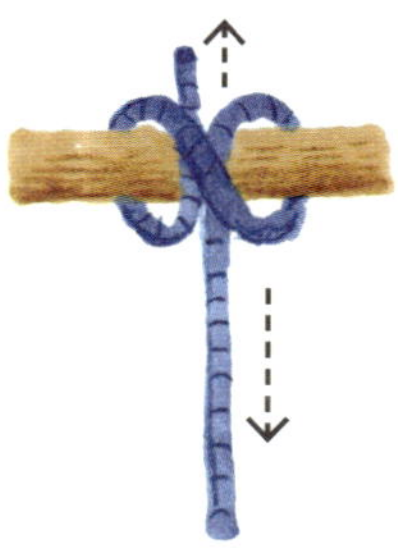

Schritt 5: *Zieh sowohl am losen als auch am stehenden Ende des Seils, um den Knoten festzuzurren. Die zwei Schlaufen sollten dadurch straffer werden und näher beieinanderliegen.*

Topsegelschotstek

Dieser Knoten dient dazu, ein gespanntes Seil an einem Gegenstand zu befestigen, zum Beispiel beim Abspannen eines Zeltes oder beim Aufhängen einer Hängematte.

Schritt 1: *Führ das lose Ende des Seils um einen Pfahl herum, sodass eine Bucht entsteht. Beide Enden zeigen nun zu dir. Das stehende Ende ist straff gespannt, meist ist es an einem Zelt festgemacht.*

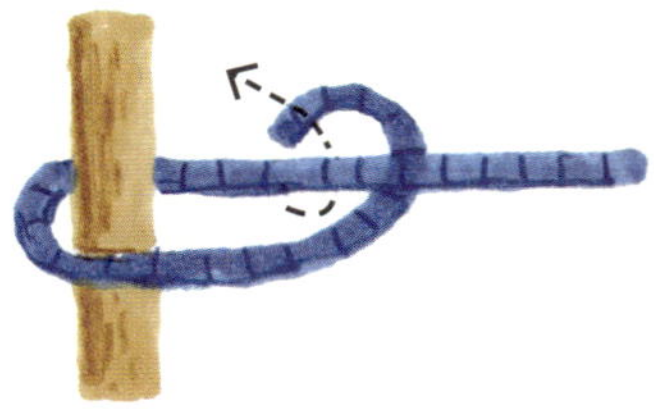

Schritt 2: *Leg das lose Ende unter das stehende, sodass ein Auge entsteht. Führe das lose Ende nun einmal von oben durch das Auge und um das stehende Ende herum. Wiederhole dies einmal.*

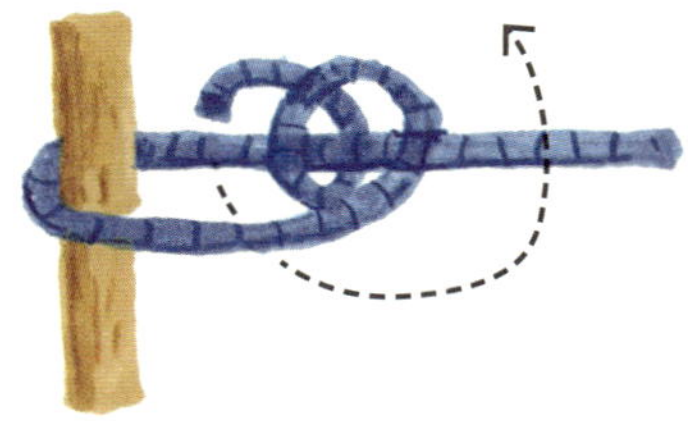

Schritt 3: *Das lose Ende sollte nun durch das Auge nach unten hängen. Zieh nun das lose Ende in Richtung des stehenden Endes und bilde außerhalb des ersten Auges ein neues, indem du das lose Ende unter dem stehenden Ende entlangführst.*

Schritt 4: *Wickle das lose Ende noch einmal um den stehenden Teil und führe es von oben durch das neue Auge, das du gerade gebildet hast. Das lose Ende sollte durch die Mitte des Auges nach unten hängen.*

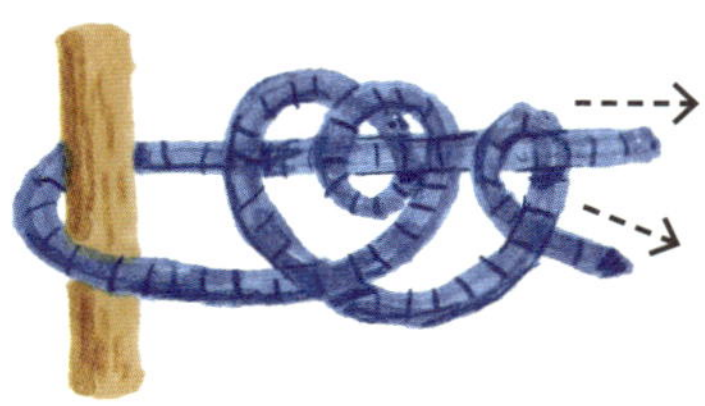

Schritt 5: *Zieh das lose und das stehende Ende in entgegengesetzte Richtungen, um den Knoten festzuzurren. Um die Spannung des Seils zu verändern, bewegst du den Knoten hin und her.*

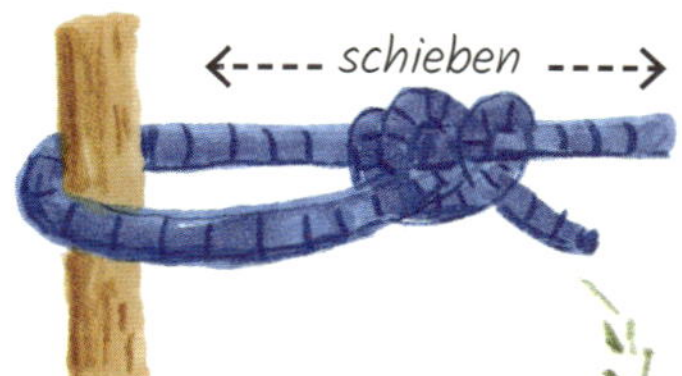

Schotstek

Mit diesem Knoten werden zwei unterschiedlich dicke Seile miteinander verbunden.

Schritt 1: *Leg das dickere Seil zu einer Bucht. Das lose Ende liegt oben, das stehende Ende unten.*

Schritt 2: *Fädle das dünnere Seil von unten durch die Bucht und lege es oberhalb des dicken Seils ab.*

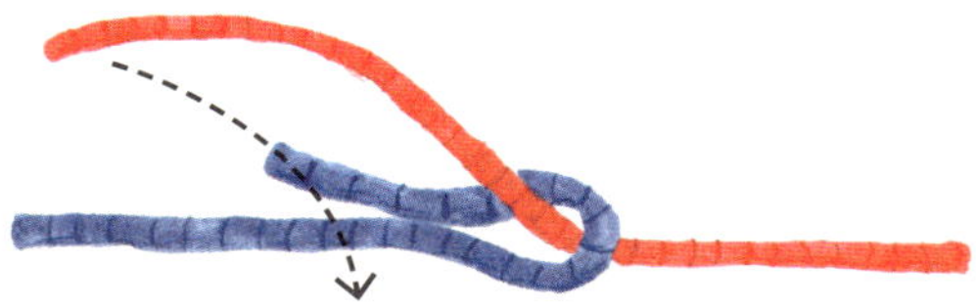

Schritt 3: *Führ nun das dünnere Seil von hinten unter die beiden Enden des dickeren Seils, sodass es nach unten zeigt.*

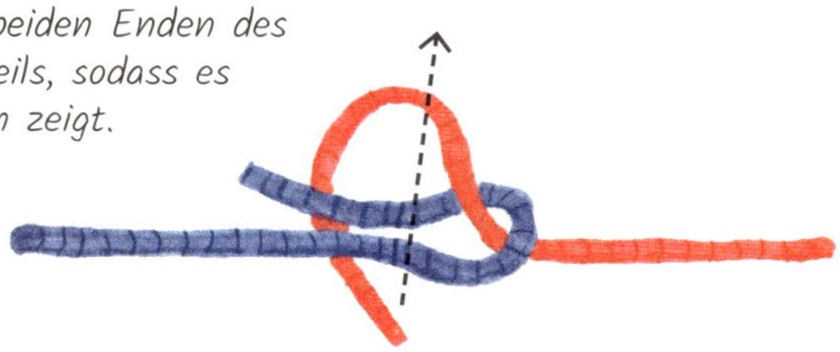

Schritt 4: *Fädle nun das dünnere Seil über die Bucht des dicken Seils und unter dem dünnen Seil durch nach oben. Jetzt sollte das lose Ende des dünneren Seils gerade nach oben zeigen.*

Schritt 5: *Zieh an beiden Seilen in verschiedene Richtungen, um den Knoten festzuzurren.*

Achtknoten

Dies ist ein schneller und einfacher Knoten, der verhindert, dass ein Seil wegrutscht.

Schritt 1: *Bilde ein Auge, indem du das lose Ende unter das stehende Ende führst. Das lose Ende sollte nun hinunterhängen.*

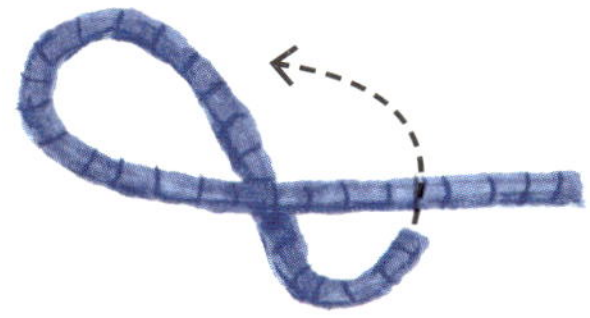

Schritt 2: *Biege das lose Ende zu einer Bucht und führe es über das stehende Ende.*

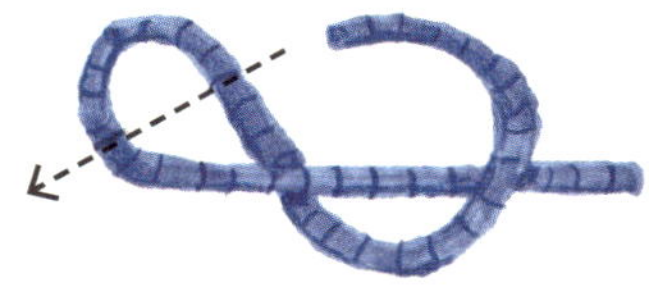

Schritt 3: *Führe das lose Ende nun von unten durch das Auge.*

Schritt 4: *Zieh das lose und das stehende Ende in entgegengesetzte Richtungen, um den Knoten festzuzurren.*

ANGELKNOTEN

Angelruten gab es schon vor Tausenden Jahren im alten Ägypten und in China. Früher bestanden sie meist aus biegsamem Material wie Haselnusszweigen und die Angelschnur war aus Pferdehaar. Moderne Angelruten bestehen meist aus leichtem und langlebigem Aluminium oder Carbon. Die Angelschnur ist aus Nylon, Draht oder anderen reißfesten Materialien und wird mit Hilfe einer Spule aufgewickelt. Aber egal welche Rute oder Leine du benutzen willst, du solltest einige einfache Knoten kennen, bevor du Angeln gehst.

Bevor du beginnst

Beim Angeln spielen Knoten eine wichtige Rolle. Angler und Anglerinnen können aus Dutzenden verschiedener Knoten wählen, aber für den Anfang reichen ein paar einfache Knoten aus. Wie bei allen Knoten ist es wichtig, dass du deine Angelknoten festziehst, bevor du deine Schnur ins Wasser wirfst.

Bekannte Angelknoten

Palomar-Knoten

Material: *- 1 Angelschnur*
- 1 Angelhaken

Dieser starke Knoten ist bei Anglern sehr beliebt, denn er lässt sich leicht erlernen. Er wird verwendet, um den Angelhaken an der Schnur zu befestigen.

Schritt 1: *Leg deine Angelschnur zu einer schmalen Bucht (auch: geschlossene Bucht).*

Schritt 2: *Fädle diese durch die Öse deines Angelhakens.*

Schritt 3: *Form mit der Bucht und dem stehenden Ende einen lockeren einfachen Knoten. (Mit einem einfachen Knoten bindest du dir auch die Schuhe zu.) Zieh diesen Knoten NICHT fest.*

Schritt 4: *Zieh die Bucht über den Haken.*

Schritt 5: *Jetzt kannst du den Knoten festzurren, indem du an den stehenden Enden ziehst.*

Schritt 6: *Falls nötig, schneid das überstehende Stück Schnur ab.*

Chirurgenknoten

Material: *- 2 Angelschnüre*

Noch ein einfacher und sehr nützlicher Angelknoten! Der Chirurgenknoten wird benutzt, um zwei Schnüre von gleicher oder verschiedener Dicke miteinander zu verbinden.

Schritt 1: *Leg die Enden der beiden Schnüre parallel nebeneinander.*

Schritt 2: *Forme mit beiden Schnüren gleichzeitig ein Auge.*

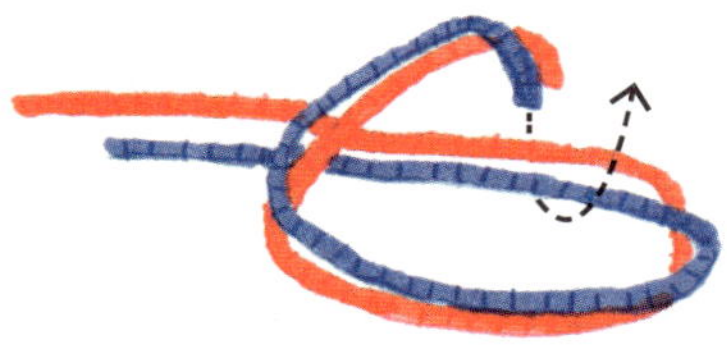

Schritt 3: *Nimm die beiden losen Enden und führe sie von unten durch das Auge. Die Enden sollten jetzt gerade nach oben zeigen.*

Schritt 4: *Wiederhole Schritt 3 noch einmal.*

Schritt 5: *Zieh den Knoten fest, indem du an beiden Enden der Schnüre ziehst.*

Schritt 6: *Falls nötig, schneid die überstehenden Stücke der Schnüre ab.*

EINE DANKESKARTE SCHREIBEN

Schon im alten China und in Ägypten zur Zeit der Pharaonen gab es so etwas wie Dankeskarten. Damals schrieben die Leute gute Wünsche für andere auf Papyrus oder ähnliches Material.

In Europa kamen Dankeskarten, so wie wir sie heute kennen, im 15. Jahrhundert auf, als die Menschen begannen, Karten auszutauschen, wenn sie sich einen Besuch abstatteten. Obwohl sie schon so alt sind, bleiben Dankeskarten zeitlose Klassiker, die einfach nie aus der Mode kommen. Wenn du dir Zeit nimmst, dich für Geschenke zu bedanken, zeigst du deinen Mitmenschen, dass sie dir wichtig sind.

Schritt-für-Schritt-Anleitung für eine Dankeskarte

Hier findest du alles, was du auf deine Dankeskarte schreiben könntest.

Schritt 1: *Datum*

Schritt 2: *Anrede: Begrüß die Person, der du schreibst.*

Schritt 3: *Haupttitel:*

→ *Einleitung: Vielen Dank für … (genau beschreiben).*

→ *Schreib, warum du das Geschenk magst oder was dir daran gefällt, wozu du es verwenden willst usw.*

→ *Schreibe etwas über den Empfänger oder die Empfängerin und dich: Zum Beispiel: »Es war so toll, dass du da warst, hoffentlich sehen wir uns bald wieder, lass uns schnell etwas ausmachen.«*

Schritt 4: *Schluss: Verabschiede dich mit »Liebe Grüße«, »Viele Grüße«, »Herzlich«, »Vielen Dank nochmal« usw.*

Schritt 5: *Unterschrift: Unterschreib mit deinem Namen.*

26. Januar 2022

Liebe Oma,

vielen Dank für das tolle rote Fahrrad!

Es macht so viel Spaß, mit dem Rad durch die Gegend zu fahren. Mir gefällt besonders die Klingel, die du an den Lenker gemacht hast! Ich möchte unbedingt bald mal eine längere Fahrradtour machen. Vielleicht können Opa und du ja mitkommen! Ich würde mich freuen, mit euch etwas zu unternehmen.

Vielen Dank, dass ihr an meinem Geburtstag an mich gedacht habt!

Euer

Alex

Der Briefumschlag

Unten siehst du, wie du den Briefumschlag richtig beschriftest. Achte darauf, dass du genügend Briefmarken aufklebst. Um den Umschlag persönlicher zu gestalten, kannst du ihn auch bemalen.

EIN LAGERFEUER MACHEN

Camping ohne Lagerfeuer ist kein richtiges Camping. Schon immer haben sich die Menschen rund um Lagerfeuer versammelt, zum Beispiel um gemeinsam zu kochen oder zu singen, um Geschichten zu erzählen, um Marshmallows zu rösten oder einfach um sich an einem kalten Abend warm zu halten. Mit den richtigen Materialien und etwas Vorbereitung kannst auch du ein sicheres Lagerfeuer errichten, das dein Campingabenteuer zu einem unvergesslichen Erlebnis macht.

Einige Worte zur Sicherheit

Feuer spenden Licht und Wärme, aber du solltest einige Dinge beachten, damit dein Feuer weder dir noch anderen Leuten oder der Umwelt schadet.

Wetter – Bei trockenem und windigem Wetter solltest du die geltende Waldbrandstufe kennen und prüfen, ob offenes Feuer nicht vielleicht verboten ist.

Platzwahl – Versuch immer, eine Feuerstelle aus Steinen oder Eisen zu nutzen. Lass dein Lagerfeuer außerdem nicht zu groß werden. Es sollte mindestens 4 bis 5 Meter von Büschen und Bäumen, Zelten und allem anderen, was Feuer fangen könnte, entfernt sein.

Brennmaterial – Benutz nur Holz, Blätter und Papier als Brennmaterial. Wirf niemals gefährliche oder giftige Sachen ins Feuer, zum Beispiel keine Spraydosen oder Glas, denn beide könnten explodieren oder schädlichen Rauch verursachen.

Löschen – Überprüfe, ob dein Feuer auch wirklich ganz aus ist, bevor du es verlässt. Die Asche sollte nur noch handwarm sein, sonst ist das Feuer nämlich nicht wirklich gelöscht.

Im Notfall – Mindestens eine Person sollte zu jeder Zeit das Feuer beobachten. Stell Wasser oder anderes Löschmaterial (Erde, Sand) in die Nähe. Haustiere und kleine Kinder müssen von den Flammen ferngehalten werden.

Das brauchst du für ein Lagerfeuer

Streichhölzer – zum Anzünden des Zunders

Zunder – trockene, dünne Zweige, Rinde, Gras und trockenes Laub zum Starten des Feuers. Such nach Stücken, die nicht dicker als ein Bleistift und so lang wie deine Hand sind (vom Daumen bis zum kleinen Finger). Für ein Feuer brauchst du etwa eine Handvoll Zunder.

Anzündholz – längere trockene Zweige, mit deren Hilfe das Feuer schnell und mit wenig Rauch hochbrennt. Dafür brauchst du Stöcke, die so dick sind wie dein Daumen und so lang wie dein Unterarm, vom Ellbogen bis zu den Fingerspitzen. Für ein Feuer brauchst du einen Armvoll Anzündholz.

Wasser – zum Löschen

Schaufel – benötigst du, um beim Löschen die Glut abzukratzen und zu vergraben und um das Feuer auseinanderzuziehen.

Brennholz – größeres und dickeres Holz, das das Feuer am Laufen hält. Nimm möglichst trockenes, totes Holz, so dick wie dein Handgelenk und so lang wie dein Arm. Für ein Feuer brauchst du einen Stapel, der dir bis zum Knie reicht.

Verschiedene Arten von Lagerfeuern

Lagerfeuer können ganz unterschiedlich aussehen. Hier findest du ein paar Möglichkeiten. Wähl die Art von Feuer aus, die du brauchst und die zum gerade herrschenden Wetter passt.

Mit diesem Feuer kannst du auch problemlos eine Kleinigkeit kochen.

Tipi
Perfekt für Marshmallows und als Wärmequelle.

Sternfeuer
Ideal, wenn nicht viel Holz zur Verfügung steht. Brennt ohne viel Aufwand für mehrere Stunden.

Lean-to
Perfekt bei windigem Wetter. Die großen Holzscheite dienen als Windschutz.

Balkenfeuer
Spendet langanhaltende Wärme bei niedrigen Temperaturen.

Stapelfeuer
Ideales Kochfeuer. Es brennt viel langsamer als ein Tipi.

Schritt-für-Schritt-Anleitung für ein Tipi-Feuer

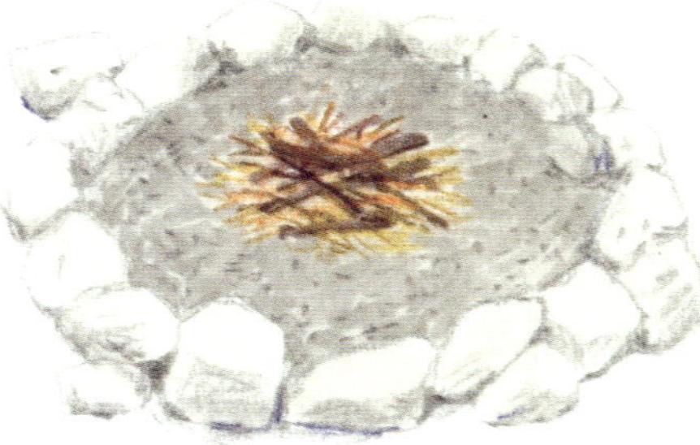

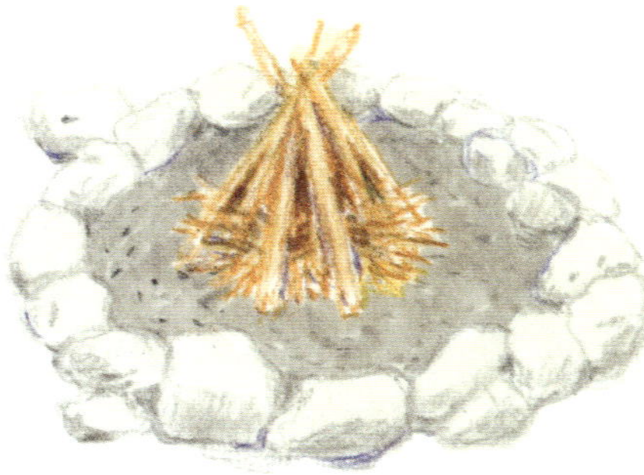

Schritt 1: *Gib ein oder zwei Handvoll Zunder in die Mitte der Feuerstelle.*

Schritt 2: *Schichte das Anzündholz pyramiden- oder tipifömig über den Zunder.*

Schritt 3: *Entzünde den Zunder mit Hilfe eines Streichholzes. Sobald das Streichholz ganz abgekühlt ist, wirfst du es ins Feuer.*

Schritt 4: *Gib nach und nach mehr Anzündholz zum Feuer. Achte auf genügend Abstand zwischen den Hölzern, damit das Feuer genug Sauerstoff bekommt. Entwickelt sich Rauch, stehen die Hölzer zu nah beieinander. Füg immer mehr dünnes Holz hinzu, bis das Feuer sauber und hell brennt.*

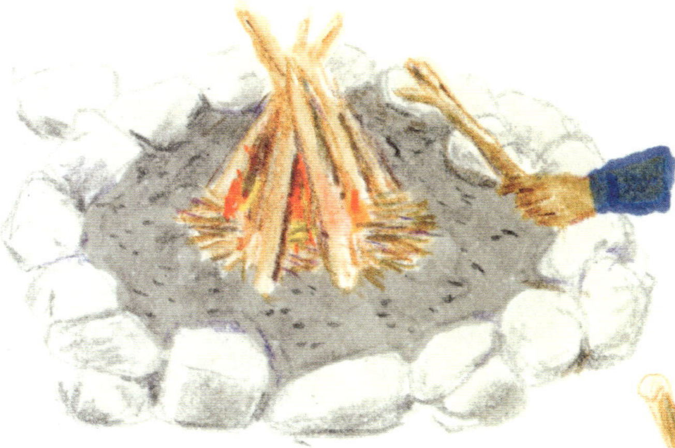

Schritt 5: *Leg Holzscheite ins Feuer, damit es nicht erlischt.*

Du kannst auch ins Feuer pusten, um ihm mehr Sauerstoff zuzuführen.

Ein Lagerfeuer löschen

Schritt 1: *Lass das Holz vollständig zu Asche werden, wenn du die Zeit dafür hast.*

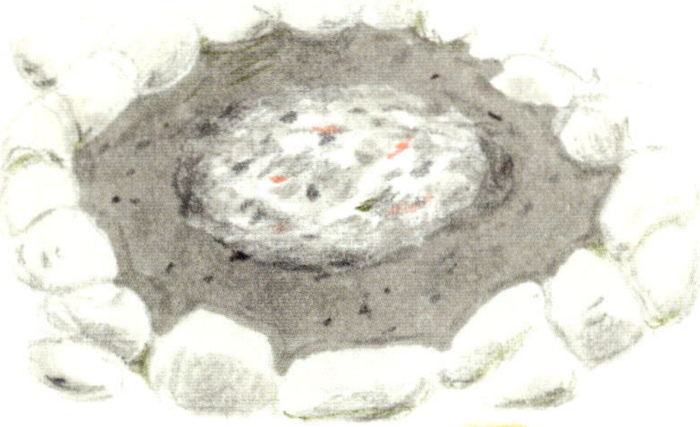

Schritt 2: *Schütte Wasser ins Feuer, bis es nicht mehr zischt.*

Schritt 3: *Prüf nach, ob die Glut komplett nass ist, auch dort, wo sie nicht mehr rot glüht. Hast du kein Wasser, kannst du die Asche auch mit viel Erde oder Sand bedecken.*

Schritt 4: *Kratz mit einer Schaufel die Asche von allen übrig gebliebenen Hölzern und Scheiten und rühr das Wasser-Asche-Gemisch, bis alles nur noch handwarm ist.*

KUCHEN BACKEN

Schon im alten Ägypten aßen die Menschen gerne Pies (sprich: Peis). Pies, das sind süße oder herzhafte Kuchen mit Teigdeckel.

In ganz einfacher Form – mit Honig gefüllt und über heißen Kohlen gebacken – gab es sie schon vor über 8000 Jahren. Statt aus knusprigem, lockerem Blätterteig war die Kruste früher recht dick. Die Pies bestanden mehr aus Teig als aus Füllung. Fleisch war die beliebteste Zutat, obwohl es nach und nach auch fruchtige Alternativen gab.

Verschiedene Pies

Auf der ganzen Welt werden gedeckte Kuchen gegessen. Pies sind in den USA sehr beliebt, dort mag man sie vor allem auf vier verschiedene Arten: mit Sahne (ähnlich wie Bienenstich), Obst, Vanillecreme und herzhaft. In Großbritannien werden manche Pies mit einer Schicht Kartoffelpüree bedeckt oder ihr Deckel ist weich, weil er viel tierisches Fett enthält. In Südeuropa bestehen sie oft aus vielen hauchdünnen Schichten Filo-Teig. Pies und Tartes ähneln sich, aber Pies sind normalerweise »gedeckt«, das heißt, sie haben eine obere Teigschicht und einen hochgezogenen Rand. Tartes sind dünner, haben keinen Teigdeckel und flache Ränder. Hier siehst du einige Beispiele, um dir Appetit zu machen:

Blaubeer-Pie

Schoko-Sahne-Pie

Kürbis-Pie

Zitronen-Baiser-Pie

Apfelkuchen mit Teiggitter (Apple Pie)

Spanakopita (griechischer Spinat-Pie)

Pekannuss-Pie

Crostata (italienische Obst-Tarte)

Shepherd's Pie (mit Hackfleischfüllung)

Chicken Pot Pie (mit Hühnchenfüllung)

Steak-und-Nieren-Pie

Schritt-für-Schritt-Anleitung für gedeckten Apfelkuchen (Apple Pie)

Der Teig

Zutaten:

- 375 g Mehl Type 405
- 225 g kalte Butter
- 1 bis 3 Esslöffel kaltes Wasser
- ¼ Teelöffel Salz

Schritt 1: *Sieb das Mehl und gib es mit dem Salz in eine Rührschüssel. Schneid die Butter in kleine Würfel und füg sie zum Mehl hinzu.*

Schritt 2: *Wasch dir die Hände und knete Butter und Mehl, bis sich kleine Krümel bilden. Du kannst auch eine Gabel, zwei Buttermesser oder einen Teigmischer dafür nehmen.*

Schritt 3: *Gib einen Esslöffel Wasser zum Mehl-Butter-Gemisch und knete es, bis ein gleichmäßiger Teig entsteht. Gib nach und nach mehr Wasser dazu, falls die Krümel nicht zusammenhalten.*

Schritt 4: *Leg den Teig auf die saubere Arbeitsplatte und knete ihn, bis er weich ist. Teil den Teig in zwei Teile, dabei sollte einer ein wenig kleiner sein als der andere (der ist für den Deckel). Wickle beide in Frischhaltefolie ein und leg sie für eine halbe Stunde in den Kühlschrank.*

Schritt 5: *Streu ein wenig Mehl auf die Arbeitsplatte. Mit Hilfe eines Nudelholzes rollst du den Teig nun darauf aus, bis er groß genug ist, um eine runde Kuchenform mit 23 cm Durchmesser zu bedecken.*

Schritt 6: *Leg den Teig vorsichtig in die Kuchenform und drück ihn an Boden und Rand fest.*

Füllung und Gitterdeckel

Zutaten:

- 2 Esslöffel Mehl Type 405
- 150 g Zucker
- ½ Teelöffel Zimt
- ¼ Teelöffel Muskatnuss
- ½ Teelöffel Zitronenabrieb
- 1 bis 2 Teelöffel Zitronensaft
- 900 g säuerliche Äpfel, geschält, entkernt und dünn geschnitten
- 1 Esslöffel Butter
- Milch zum Bestreichen

Schritt 1: *Heiz den Ofen auf 200 °C vor.*

Schritt 2: *Misch die trockenen Zutaten mit Zitronenabrieb und Zitronensaft.*

Schritt 3: *Gib die Hälfte der Apfelscheiben auf den Teig, streu die Hälfte der Zuckermischung darüber. Gib eine zweite Schicht Äpfel und Zucker oben drauf.*

Schritt 4: *Setz kleine Flocken Butter gleichmäßig oben auf die Äpfel.*

Schritt 5: *Roll die zweite Teigkugel aus und schneid die Scheibe in etwa 2 cm dicke Streifen. Leg die Streifen parallel zueinander auf die Kuchenform.*

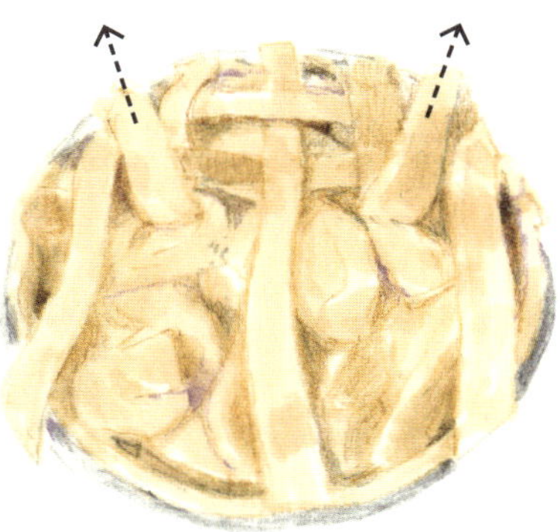

Schritt 6: *Jeden zweiten Streifen hebst du nun hoch und legst quer über die verbliebenen Streifen ein neues Stück Teig. Klapp dann die Streifen wieder herunter, sodass sie den quergelegten Streifen bedecken.*

Schritt 7: *Klapp nun die anderen Streifen zurück, leg einen Streifen quer dazu und bedecke ihn, indem du die Streifen wieder runterklappst. So »webst« du deinen Teigdeckel. Schneid zum Schluss den überstehenden Teig ab.*

Schritt 8: *Bestreich das Teiggitter mit etwas Milch, so wird es später glänzen. Back den Kuchen für 30 bis 40 Minuten, bis er goldbraun ist und blubbert.*

MIT DEM KOMPASS UMGEHEN

Lange Zeit haben sich die Menschen bei der Suche nach der richtigen Richtung auf Kompasse verlassen. Vor mehr als 2000 Jahren entstand in China eine frühe Version eines Kompasses mit Magnetit, einem magnetischen Mineral. Im 12. Jahrhundert gab es dann schon Kompasse, mit denen richtig navigiert werden konnte. Heute greifen wir meist zum Handy, wenn wir einen Ort finden wollen. Aber unterschätz den guten alten Kompass nicht – er ist zuverlässig und benötigt weder Ladegerät noch Empfang.

Geografischer Nordpol versus magnetischer Nordpol

Der geografische Nordpol liegt genau am nördlichen Ende der Erdachse. Er bewegt sich niemals. Auf Landkarten ist seine Richtung als »Norden« angegeben. Eine Kompassnadel richtet sich jedoch am Erdmagnetfeld aus und zeigt zum magnetischen Nordpol. Dieser verändert sich mit den Bewegungen des flüssigen Eisens im Erdkern. Seine genaue Position kann sich in einem Jahr um bis zu 50 Kilometer verschieben. Der Abstand zwischen den zwei Nordpolen wird Deklination genannt.

Der Aufbau eines Kompasses

Richtungspfeil
Das kleine Dreieck an der kurzen Seite der Platte. Der Richtungspfeil sollte von dir weg in die Richtung zeigen, in die du gehen willst.

Grundplatte
Die gerade, rechteckige Fläche, auf der die Pfeile, der Gradregler und die Markierungen angebracht sind.

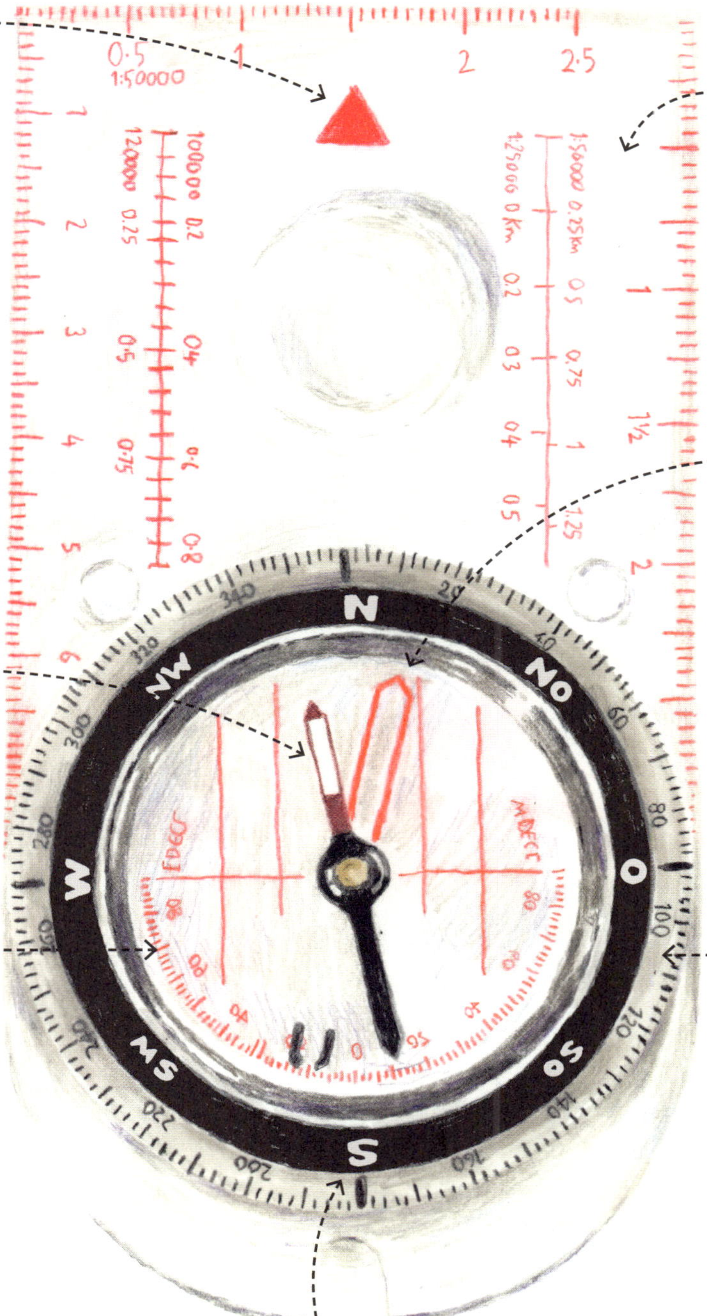

Orientierungspfeil
Der Pfeil, der mit dem Gradregler bewegt wird und der unter die Nadel gedreht werden kann, um ein Ziel zu verfolgen.

Kompassnadel
Diese Nadel zeigt immer zum magnetischen Nordpol.

Deklinationsskala
Diese Markierungen helfen dir, wenn magnetischer und geografischer Nordpol nicht zusammenpassen.

Gradregler oder Azimuth-Ring
Der drehbare Ring um die Kompassnadel mit den Gradzahlen von 0 bis 360.

Grundrichtungen
Die Grundrichtungen sind die vier Himmelsrichtungen – Norden, Osten, Süden, Westen. Sie werden mit N, O, S und W abgekürzt.

Schritt-für-Schritt-Anleitung zur Orientierung mit dem Kompass ... mit Landkarte

Schritt 1: *Leg den Kompass auf eine glatte Oberfläche und zieh eine Linie zwischen deinem Startpunkt (wo du gerade bist) und deinem Ziel (wo du hin möchtest). Leg die lange Seite des Kompasses an die Linie.*

Schritt 2: *Richte den Richtungspfeil auf dein Ziel aus.*

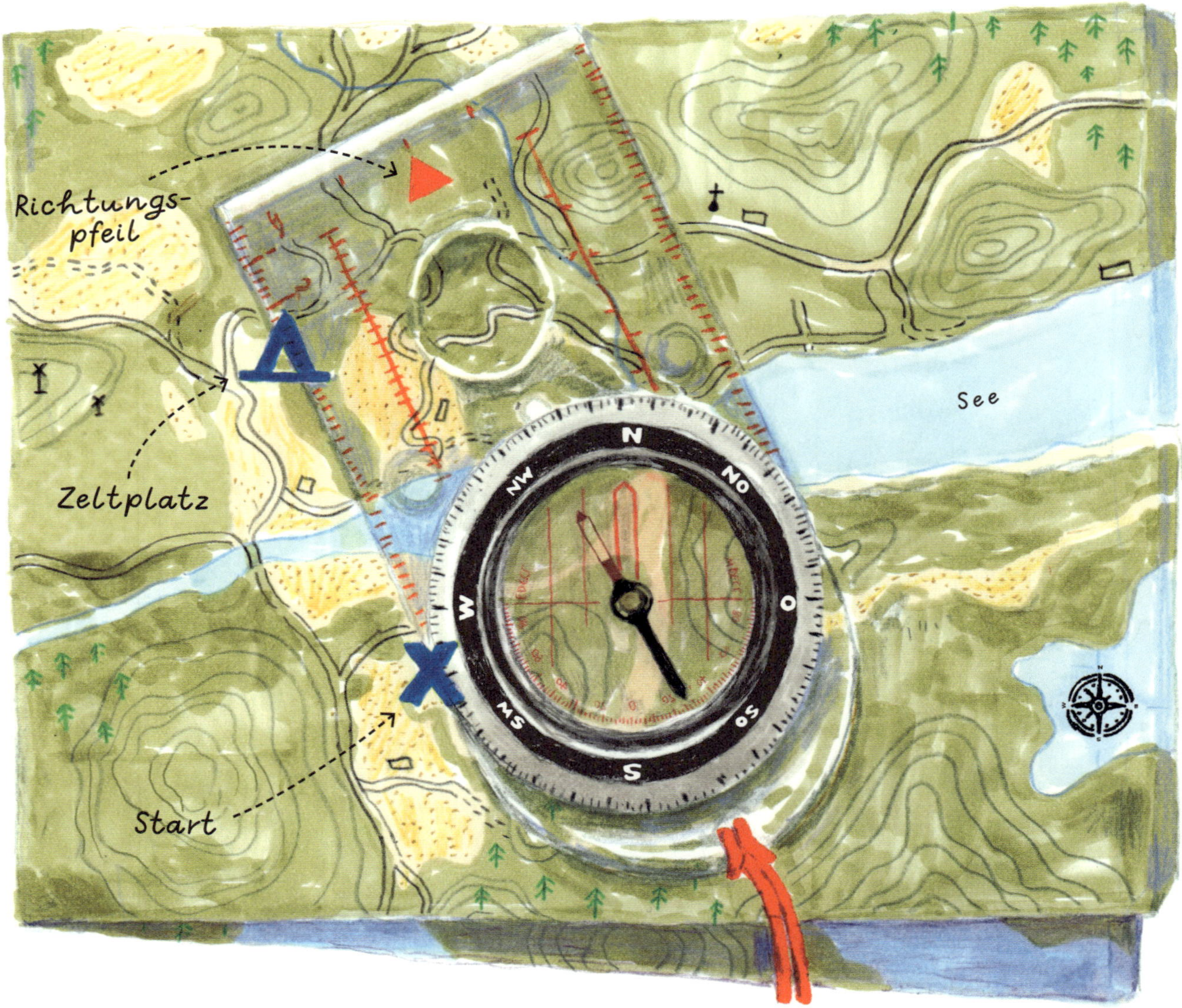

Schritt 3: *Dreh den Gradregler so lange, bis der Orientierungspfeil nach Norden (so wie es die Karte angibt) zeigt.*

Schritt 4: *Nimm den Kompass in die Hand, der Richtungspfeil zeigt von dir weg. Dreh dich und deinen Kompass (nicht den Regler), bis die rote magnetische Nadel in die gleiche Richtung wie der Orientierungspfeil zeigt. Nun blickst du in die richtige Richtung.*

Die Grundrichtungen bestimmen

Die Grundrichtungen – Norden, Osten, Süden, Westen – auf dem Gradmesser verteilen sich im Uhrzeigersinn: Norden ist auf 12 Uhr, Osten auf 3 Uhr, Süden auf 6 Uhr und Westen auf 9 Uhr. Einer der Merksätze für die Reihenfolge lautet: Niemals ohne Seife waschen.

… ohne Landkarte

Schritt 1: *Wenn du schon weißt, in welche Richtung du gehen musst, hilft dir der Kompass, auf Kurs zu bleiben. Halt den Kompass auf deiner flachen Hand und dreh dich und den Richtungspfeil in die gewünschte Richtung.*

Schritt 2: *Dreh den Gradregler, bis die rote Kompassnadel ganz im oder auf dem Orientierungspfeil liegt. Orientierungspfeil und Nadel sollten nun nach Norden zeigen.*

Schritt 3: *Halte Nadel und Pfeil in gleicher Richtung, während du auf dein Ziel zugehst. Überprüf immer wieder, ob du noch in die richtige Richtung gehst.*

FUTTERPLÄTZE FÜR VÖGEL BAUEN

Wer lauscht nicht gern dem Gesang der Vögel, wenn sie den Tag mit einem Lied begrüßen. Schon 3500 Jahre alte hinduistische Schriften erzählen von Menschen, die Wildvögel füttern. Heute findet man in vielen Gärten Futterplätze für Vögel. Das hilft den Tieren und ist eine gute Möglichkeit, die Natur vor deiner Haustür kennenzulernen.

Wildvögel füttern

Wenn du gerne Vögel aus der Nähe beobachtest, kannst du im Garten eine Futterstation für sie aufbauen. Du kannst das Futter auch einfach ausstreuen. Die Vögel werden sich über den Snack freuen! Während sie fressen, kannst du ihr Gefieder, ihre Farbe und ihre Größe gut beobachten und ihrem Gezwitscher zuhören. Hier siehst du einige Lebensmittel, die Wildvögeln schmecken und die ihnen nicht schaden:

1. Sonnenblumenkerne

Ein beliebtes Futter für samenfressende Vögel. Am besten in einer Futterstation anbieten.

1

2. Nüsse und Eicheln

Ungeröstete Nüsse auf einem Futtertisch sind eine gute Energiequelle, vor allem in kälteren Monaten.

2

3. Maisschrot

Beliebt bei Bodenvögeln. Streu es auf die Erde oder auf einen niedrigen Futtertisch.

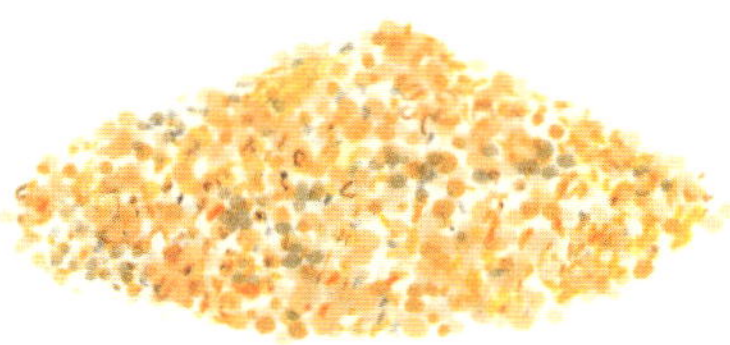

3

4. Hirse

Streu Hirse auf Gras, Erde oder unter Büsche, um Bodenvögel anzulocken.

4

5. Orangenscheiben

Gib frisch geschnittene Scheiben in einen Meisenknödelständer oder häng sie an einen Baum.

5

6. Traubengelee

Biete dieses sehr nahrhafte Futter nur in kleinen Mengen während des Vogelzuges an.

6

7. Zuckerwasser

In Amerika, Asien und Afrika leben Nektar fressende Vögel wie Kolibris, die sich über diesen Snack freuen.

7

8. Trockenobst

Eingeweicht kommt es auf den Futtertisch oder in den Meisenknödelhalter.

8

9. Meisenknödel

Sind ein fettreiches Futter für die Wintermonate.

9

Schritt-für-Schritt-Anleitung für einen Kiefernzapfen-Futterplatz

Aus einem Zapfen, Erdnussbutter und Körnern kannst du ganz einfach und umweltfreundlich einen Futterplatz herstellen.

Material:

- großer Zapfen
- kleine Bürste
- Faden oder Schnur, 20 bis 25 cm lang
- ungesalzene Erdnussbutter (aus dem Tierfachhandel)
- Körnerfutter
- Schmiermesser oder Eisstiel
- flacher Teller oder Schale für die Körner

Schritt 1: *Entferne Schmutz und abgebrochene Teile mit der Bürste.*

Schritt 2: *Befestige die Schnur am oberen Ende des Zapfens.*

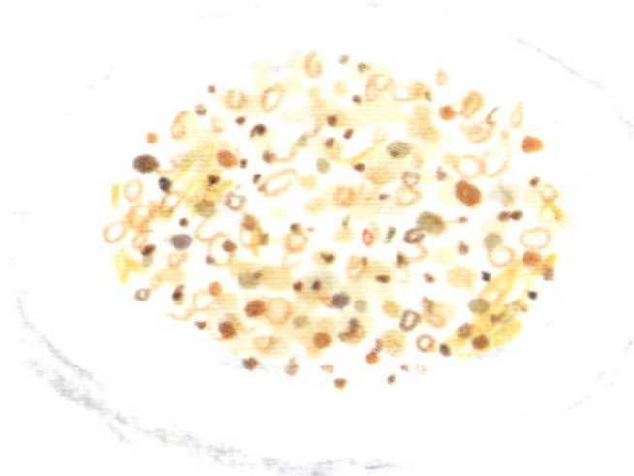

Schritt 3: *Gib die Körner in den flachen Teller oder die Schale.*

Schritt 4: *Mit Hilfe des Schmiermessers oder des Eisstiels verteilst du die Erdnussbutter außen und zwischen den Schuppen.*

Schritt 5: *Roll den Zapfen in den Körnern und drück sie dabei fest.*

Schritt 6: *Häng den Zapfen draußen an einen Ast oder Haken.*

Nistkästen

Schon seit über 500 Jahren bauen wir Menschen Nisthilfen für unsere gefiederten Freunde. In der Türkei befestigten die Leute jahrhundertelang ausgeklügelte Nistkästen an Hauswänden. In Nordamerika stellten die Native Americans sie aus natürlichen Materialien wie Birkenrinde oder Kürbissen her. Heutzutage gibt es Nistkästen überall und sie sind eine tolle Möglichkeit, heimische Vögel anzuziehen und zu schützen. Einige Hinweise, bevor du eine Nisthilfe bastelst oder kaufst:

Verwende natürliches, unbehandeltes Holz.

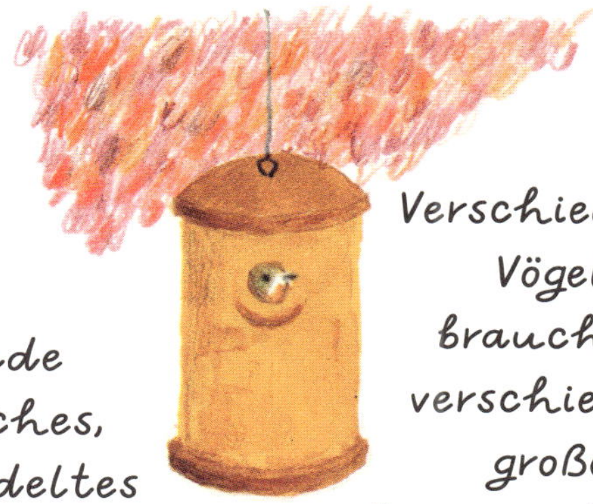

Verschiedene Vögel brauchen verschieden große Eingangslöcher.

Farbe und Lack nur außen auftragen.

Ein überstehendes, steiles Dach schützt vor Regen und Raubtieren.

Manche Vögel bevorzugen Kästen mit einer offenen Vorderseite.

GESCHENKE MIT PACKPAPIER UND SCHNUR EINPACKEN

Die Kunst des Geschenkeverpackens soll in Korea zur Zeit der Drei Reiche ihren Anfang genommen haben, als man Geschenke mit dekorativen Stoffen umwickelte. Klebeband dagegen wurde erst 1930 erfunden … Wie also haben die Menschen in der Zwischenzeit Geschenke verpackt? Die Antwort: Mit einfachem braunem Papier – und Schnur! Diese Technik macht Spaß und ist umweltfreundlich, weil sie ohne Plastik auskommt.

Schritt-für-Schritt-Anleitung zum Verpacken – ohne Klebeband!

Material:

- Bogen oder Rolle braunes Kraftpapier (dickes Papier)

- Schnur – so lang, dass sie dreimal um das Paket gewickelt werden kann

- Schere

Schritt 1: *Schneid ein Stück Kraftpapier aus, mit dem du dein Geschenk, zum Beispiel ein Buch, einmal komplett einwickeln kannst, und rechne noch 5 bis 10 cm extra hinzu. Leg das Papier auf einen flachen Untergrund und platziere das Geschenk mittig darauf.*

Schritt 2: *Falte eine Seite des Papiers über das Geschenk. Dann die zweite Seite. Die zweite Kante überlappt die erste um mindestens 3 cm. Fahre mit dem Finger kräftig über die Kanten, damit sich das Papier anschmiegt.*

Schritt 3: *Knicke an einer offenen Seite das obere Papier nach unten. Falte dann eins der Seitenteile in die Mitte. Wiederhole den Vorgang auf der anderen Seite. So entsteht ein Dreieck.*

Wiederhole den Vorgang auf der anderen Seite des Pakets.

Schritt 4: *Falte ein Dreieck hoch, sodass es die Faltungen von Schritt 2 überdeckt. Das Gleiche machst du mit dem anderen Dreieck.*

Schritt 5: *Leg die Schnur auf den Tisch und platziere das Geschenk darauf, die gefalteten Dreiecke nach oben.*

Schritt 6: *Führ die Enden der Schnur nach oben und wickle sie so im rechten Winkel umeinander, dass ein Kreuz entsteht, das die Faltungen im Papier unten hält.*

Schritt 7: *Wende das Paket vorsichtig, sodass die glatte Seite nach oben zeigt. Knote die Schnur fest mit einem Knoten zusammen und setz eine Schleife darauf.*

KNÖPFE ANNÄHEN

Der älteste Knopf wurde vor mehr als 5000 Jahren im Indus-Tal, im heutigen Pakistan, angenäht. Die ersten Knöpfe waren aber nur als Verzierung gedacht. Ab dem Mittelalter bekamen Knöpfe einen praktischen Nutzen, aber nur reiche Leute konnten sie sich leisten. Zum Glück wurden sie ab dem 18. Jahrhundert dank der Industrialisierung massenhaft produziert und damit für alle Menschen erschwinglich.

Der passende Knopf

Ist dir schon aufgefallen, wie viele verschiedene Knöpfe es gibt? Meist hängt die Knopfart vom gewünschten Zweck ab. Die Knöpfe am Bund einer Jeans sind zum Beispiel sehr stabil, damit sie nicht abfallen können. Andere Knöpfe sind eher dekorativ.

1. **Lochknopf** – zwei Löcher
2. **Lochknopf** – vier Löcher
3. **Ösenknopf** – keine Löcher, dafür hinten eine Öse
4. **bezogener Knopf** – mit Stoff verziert
5. **Knebelknopf** – meist rechteckig mit ein oder zwei Löchern
6. **Jeansknopf** – aus Metall und extra stabil gefertigt
7. **Dekoknopf** – oft in lustigen Formen und Designs

Knopfgrößen

Knöpfe gibt es, je nach Verwendungszweck, in allen Größen, von ganz klein bis sehr groß. Der Knopf einer Einkaufstasche ist viel größer als der an einem Babyjäckchen. Knopfgrößen werden in Linien angegeben. Je größer die L-Nummer, desto größer ist der Knopf.

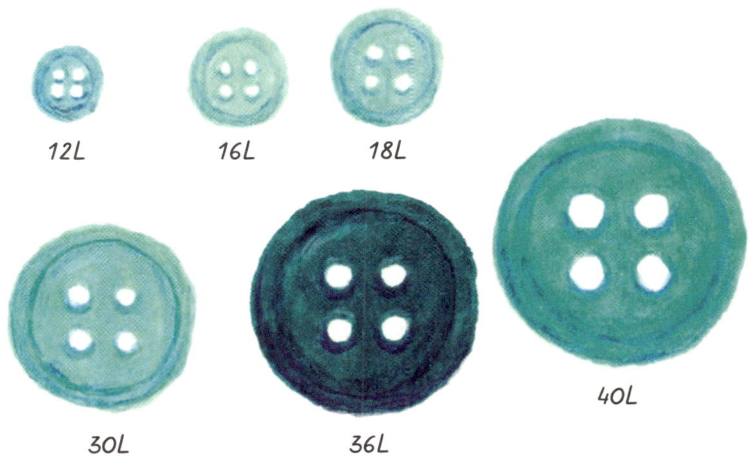

Einen Knopf an ein Shirt nähen

Material:

- *Knopf* Falls du den Knopf verloren hast, findest du innen im Shirt manchmal Ersatz.

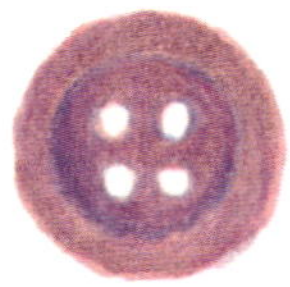

- *etwas Garn* Du kannst es in der Farbe deines Shirts wählen.

- *Nadel* Achte darauf, dass sie durch die Löcher deines Knopfes passt.

- *Schere*

- *Zahnstocher* Damit es deinem Knopf nicht zu eng wird.

- *durchsichtiges Klebeband*

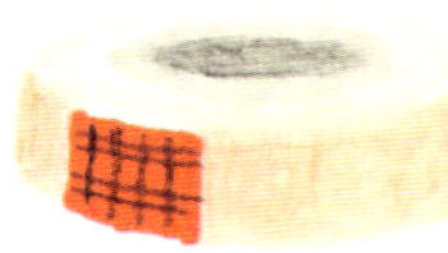

Den Faden einfädeln

Schneid ungefähr 60 cm Faden ab.

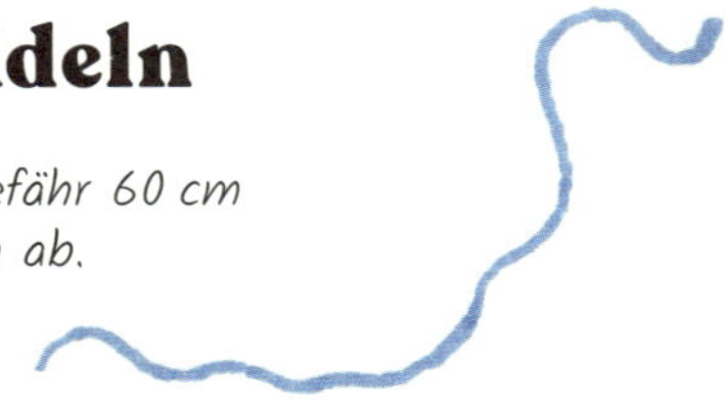

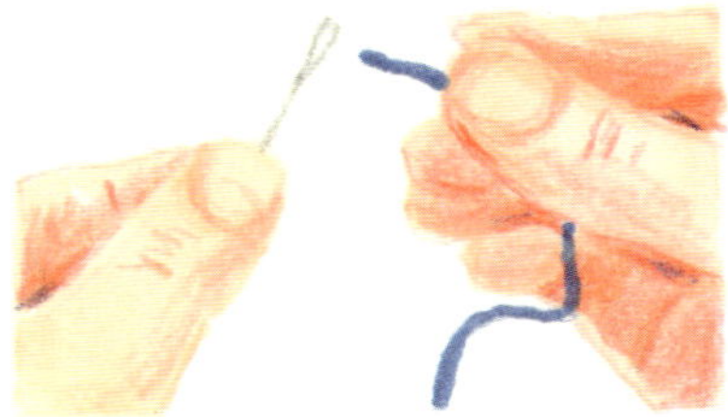

Nimm die Nadel in die eine Hand und ein Ende des Fadens zwischen Daumen und Zeigefinger der anderen Hand. Das Ende sollte nicht herunterhängen.

Führ den Faden vorsichtig durch das Loch, Nadelöhr genannt, und zieh so lange, bis beide Enden gleich lang sind.

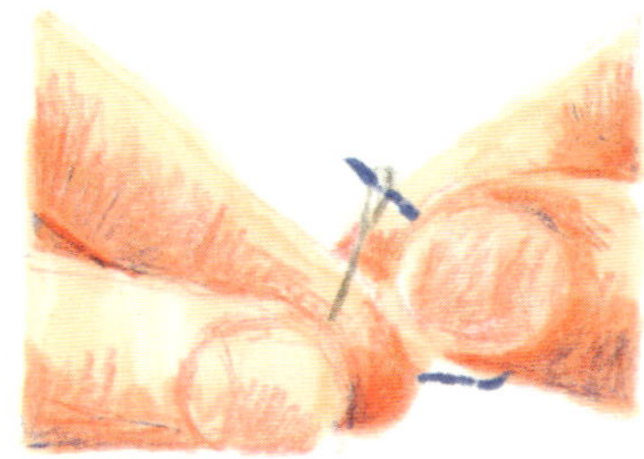

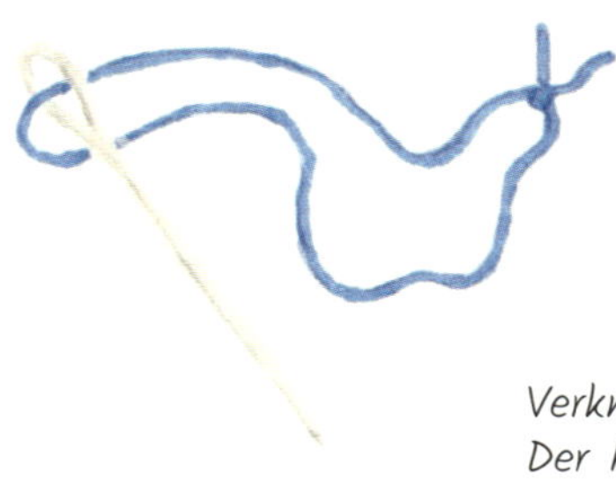

Nun liegt der Faden doppelt, dadurch bekommt dein Knopf mehr Halt.

Verknote die beiden Enden. Der Knoten hält den Faden später am Stoff.

Faden-Muster

Wenn dein Knopf zwei Löcher hat, wirst du zwischen beiden immer eine Art Brücke aus Garn haben. Hat er dagegen vier Löcher, kannst du aus einer Vielzahl verschiedener Muster wählen.

Schritt-für-Schritt-Anleitung zum Knopfannähen

Schritt 1: *Markiere mit einem Bleistift oder mit Kreide auf dem Stoff, wo die Mitte deines Knopfes sein soll. Leg dann den Knopf darauf.*

Hilfreich ist es, den Knopf mit durchsichtigem Klebeband zu fixieren.

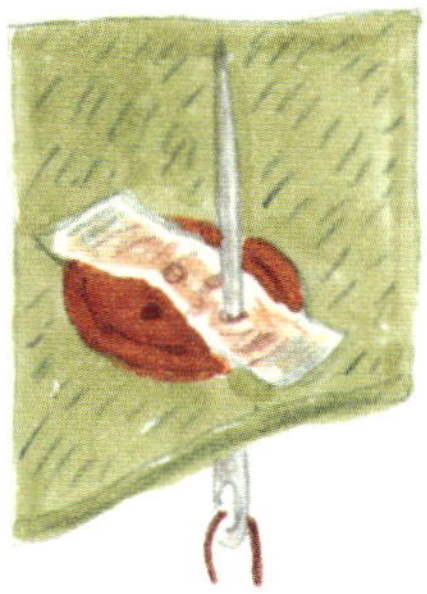

Schritt 2: *Such mit der Nadel von hinten die Position deines ersten Loches. Stich die Nadel durch Stoff und Loch. Zieh so lange an dem Faden, bis der Knoten am Stoff anliegt.*

Schritt 3: *Von oben stichst du nun in das Loch, das schräg gegenüber vom ersten Loch liegt.*

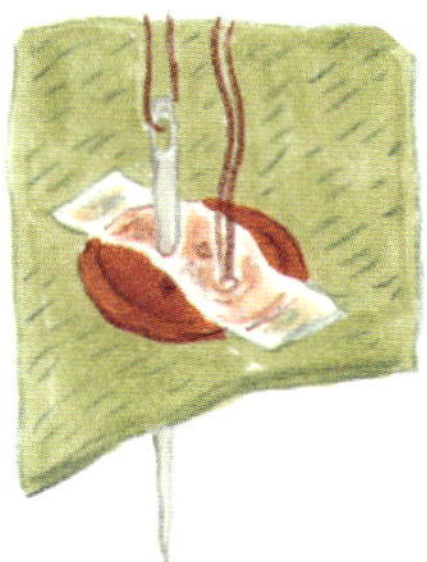

Zieh auch jetzt die Nadel so lange, bis sich der Faden diagonal über den Knopf legt.

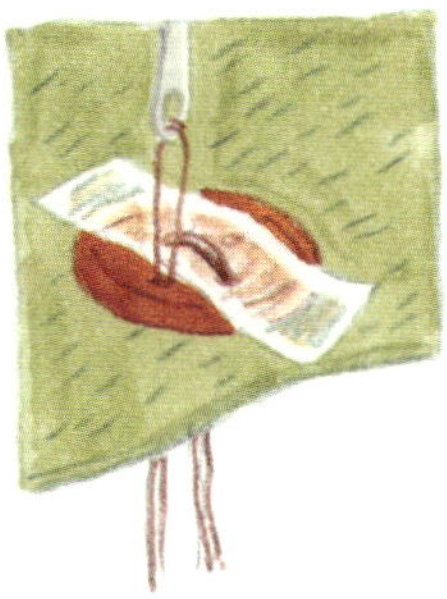

Schritt 4: *Stich nun wieder von der Rückseite her durch ein Loch, das du noch nicht benutzt hast, und zieh den Faden stramm.*

Schritt 5: *Führ die Nadel durch das letzte Loch. Der Faden sollte nun ein Kreuz auf dem Knopf bilden. Jetzt kannst du das Klebeband entfernen.*

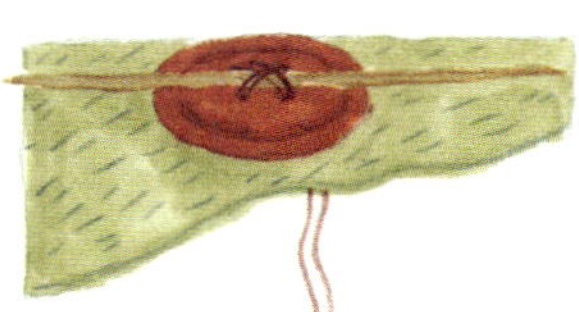

Schritt 6: *Leg einen Zahnstocher unter das Kreuz auf der Oberseite, damit der Faden die richtige Spannung erhält.*

Schritt 7: *Wiederhole die Schritte 2 bis 5 so lange, bis der Knopf fest sitzt. Der letzte Stich sollte von oben nach unten gehen.*

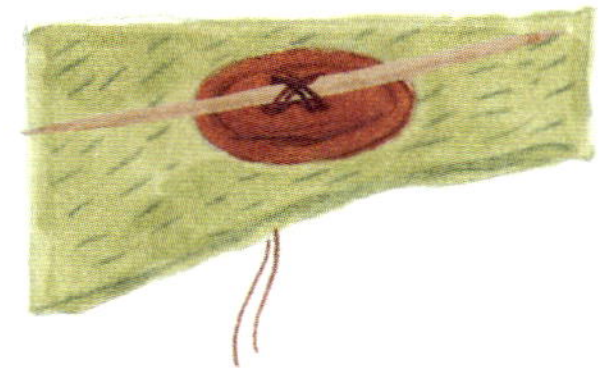

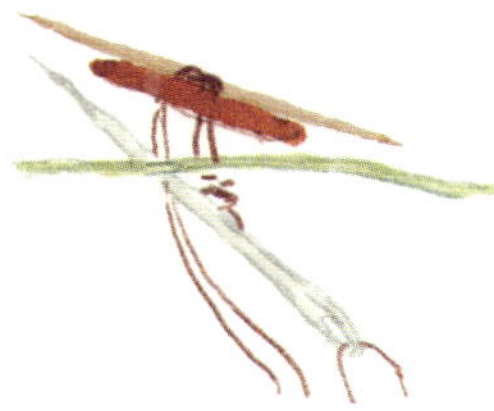

Schritt 8: *Stich die Nadel durch den Stoff, aber nicht durch den Knopf.*

Zieh den Faden ganz heraus.

Schritt 9: *Wickle den Faden 5 Mal um die Fäden auf der Unterseite des Knopfes und bring die Nadel dann auf die Rückseite des Stoffes.*

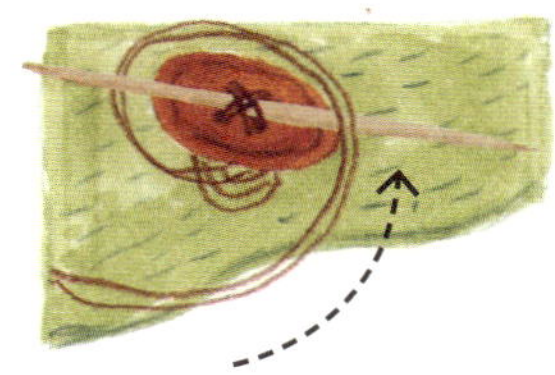

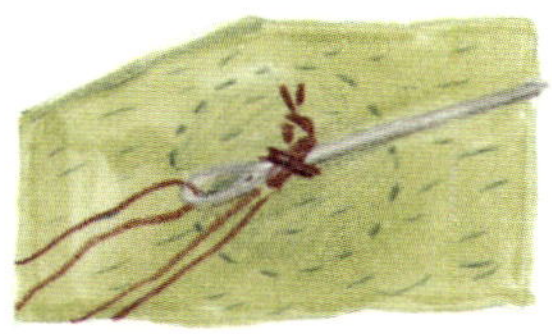

Schritt 10: *Um den Knopf zu sichern, stich einmal nah am Stoff quer durch die Fäden.*

Schritt 11: *Leg eine Schlaufe und führ Nadel und Faden hindurch. Zieh den Knoten nah am Knopf fest. Jetzt ist der Knopf fixiert.*

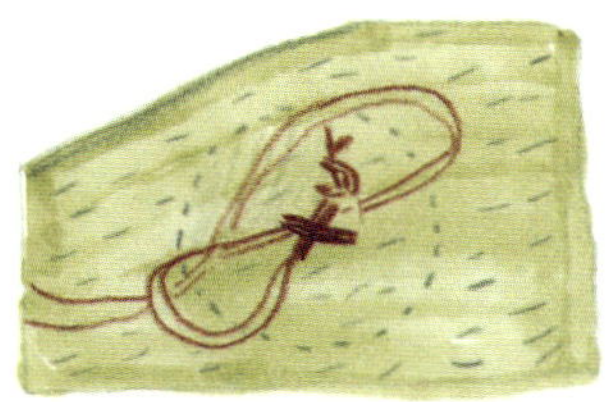

Schritt 12: *Entferne den Zahnstocher und schneid den Faden so nah wie möglich am Knoten ab.*

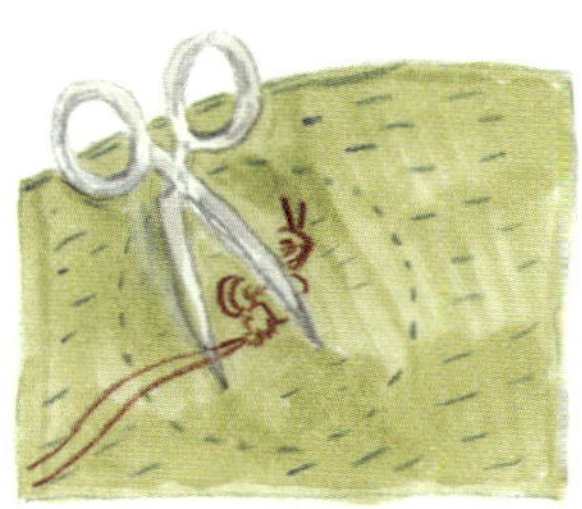

TOMATEN ANBAUEN

Tomaten stammen aus Amerika und wurden zuerst dort angebaut, bevor sie später nach Europa kamen. Damals glaubte man, die Pflanzen seien giftig, weil sie zu den Nachtschattengewächsen gehören. Sie enthalten tatsächlich viel Säure und die löste das giftige Blei aus den Zinntellern, von denen damals die reichen Leute aßen. Die Folge waren Bleivergiftungen. Aber heute gilt die Tomate als die weltweit beliebteste Frucht (ja, Tomaten sind Früchte) – ob als Sauce oder Salsa, auf einem Sandwich oder zum Naschen. Und das Beste: Tomaten kannst du ganz einfach selbst anbauen.

Die bekanntesten Tomatensorten

1. Kugeltomaten

Diese vielseitigen, mittelgroßen Tomaten sind rund und ihre Schale ist dick. Sie schmecken am besten geschnitten und im Salat.

1

5

5. Traubentomaten

Diese Tomaten sind klein und süß, ihre Form ist eher oval und sie haben eine dickere Schale als Cherrytomaten.

2. Fleischtomaten

Diese Tomaten sind sehr groß (bis zu 15 cm im Durchmesser) und haben viel Fruchtfleisch und weniger Samen.

2

6

6. Flaschentomaten

Flaschentomaten gelten als die besten Tomaten zum Einkochen und für Tomatensauce.

3. Cherrytomaten

Die Cherrytomatenpflanze trägt VIELE kleine, runde, dünnhäutige Früchte, die lecker süß schmecken.

3

7

7. San Marzano

Diese Flaschentomatensorte ist länger und dünner als die meisten anderen Flaschentomaten und hat weniger Samen.

4. Alte Sorten

Diese Tomatensorten weisen seit mindestens 40 bis 50 Jahren dieselben Merkmale auf.

4

8

8. Zweifarbige Tomaten

Wie der Name schon sagt, sind diese Tomaten zweifarbig. Es gibt diese Variationen bei allen Tomatensorten.

Material:

- Tomatensamen

- Wasser

- Pflanzerde

- Papierbecher oder kleine Töpfe

- größere Töpfe oder Behälter

- Stäbe

- Faden oder Draht

Eine Schritt-für-Schritt-Anleitung zum Anbauen eigener Tomaten

Schritt 1: *Gib Erde in einen Pappbecher oder einen kleinen Topf, aber mach ihn nicht ganz voll.*

Schritt 2: *Glätte die Erde und drück mit dem Finger ein flaches Loch in die Mitte.*

Schritt 3: *Leg 2 Samen in das Loch.*

Schritt 4: *Bedeck die Samen mit einer dünnen Schicht Erde und gieße sie mit ein wenig Wasser.*

Schritt 5: *Stell den Topf an einen sonnigen, warmen Ort, zum Beispiel auf das Fensterbrett.*

Schritt 6: *Schau alle paar Tage nach, ob die Erde noch feucht ist. Falls nicht, musst du die Pflanze gießen.*

Schritt 7: *Sobald deine Samen gekeimt haben und die Pflanze ungefähr 8 cm groß ist, muss sie in einen größeren Topf oder in ein Beet umziehen, damit sie Platz zum Wachsen hat.*

Schritt 8: *Stell deine Pflanze in die pralle Sonne (mindestens 8 Stunden direkte Sonne am Tag) und gieß sie täglich, damit die Erde feucht bleibt (aber nicht nass).*

Schritt 9: *Sobald deine Tomatenpflanze so groß ist, dass sie nicht mehr selbst stehen kann, musst du sie mit Schnur oder Draht an einem Stab festbinden.*

Schritt 10: *Ernte deine Tomaten, wenn sie knallrot (oder welche Farbe sie bei der Ernte auch haben sollen) und fest sind.*

EINEN PLATTEN FLICKEN

1871 erfand Karl Drais den Urtypen des Fahrrads – ohne Pedale. Das Design verbesserte sich ab da immer weiter und in den 1890er-Jahren war das Fahrrad ein beliebtes Fortbewegungsmittel. Heute gibt es schätzungsweise über eine Milliarde Fahrräder auf der Welt. Wenn du das Glück hast, ein eigenes Rad zu besitzen, solltest du auch wissen, wie man den Schlauch wechselt.

Was du beim Reparieren eines Fahrrads brauchst

Wechselschlauch – Der Schlauch ist der ballonartige Teil deines Reifens, der mit Luft gefüllt ist und deinen Reifen polstert.

Sollte der Schlauch stark beschädigt sein, muss er ersetzt werden. Schläuche gibt es in verschiedenen Größen, daher achte darauf, dass deine Ersatzschläuche zu deinen Reifen passen.

Reparatur-Kit – Wurde dein Platten durch ein kleines Loch verursacht, brauchst du wahrscheinlich nur ein Reparatur-Kit, um das Loch zu flicken.

Das Kit sollte Flicken, Kleber und Sandpapier enthalten.

Reifenheber – Diese praktischen kleinen Werkzeuge helfen dir, den Mantel von der Felge zu bekommen.

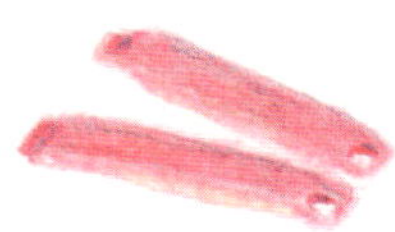

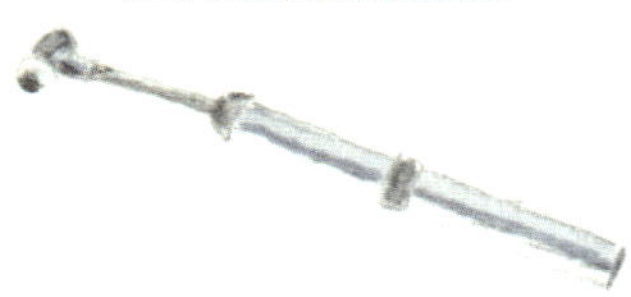

Pumpe – Du brauchst eine Pumpe, um den neuen Schlauch aufzupumpen.

Rollgabelschlüssel – Mit diesem Werkzeug lockerst du die Muttern an deinem Rad und ziehst sie wieder fest.

Bevor es losgeht

Auch wenn es viele verschiedene Radtypen gibt: Wie man einen platten Reifen repariert, bleibt eigentlich immer gleich. Aber es ist hilfreich, einen Blick in die Bedienungsanleitung zu werfen, bevor du eine Reparatur durchführst.

Eine Schritt-für-Schritt-Anleitung zum Schlauchwechsel am Fahrrad
Teil 1: Das Rad abmontieren

Leg dein Fahrrad auf die Seite, die Kette zeigt dabei nach oben. Hier wird davon ausgegangen, dass dein Fahrrad keine Schnellspanner hat.

Schritt 1: *Wenn du das Hinterrad wechseln musst, sollte der höchste Gang eingelegt sein.*

Beim Vorderradwechsel musst du den Gang nicht wechseln.

Hat dein Fahrrad Schnellspanner?

Viele Fahrräder haben heutzutage einen Schnellspannmechanismus an ihren Rädern.

Nachdem du die Bremse ausgehängt hast (siehe Schritt 2), drehst du den Schnellspanner einige Male. Eventuell musst du auch eine Mutter auf der anderen Seite lockern.

Heb das Rad über die Öffnung vorsichtig aus der Gabel.

Schritt 2: *Den Bremszug hängst du aus, indem du die runden Bremskörper zusammendrückst.*

Schritt 3: *Löse mit dem Rollgabelschlüssel die Mutter in der Mitte des Reifens.*

Auf der anderen Seite wiederholen.

Schritt 4: *Heb das Rad über die Öffnung vorsichtig aus der Gabel. Leg es auf den Boden.*

Teil 2: Mantel und Schlauch entfernen

Schritt 1: *Schraub die Ventilkappe ab und lass die Luft ab.*

Führ dann das runde Ende des Reifenhebers unter den harten Rand des Mantels und heble ihn über die Felge auf dich zu.

Schritt 2: *Führ den Reifenheber hinunter und befestige ihn mit Hilfe der Aussparung am Heber an einer Speiche.*

Auf diese Weise bleibt der Mantel auf Abstand zur Felge.

Schritt 3: *Falls nötig, wiederhole Schritt 1 mit einem zweiten Reifenheber, um den ganzen Mantel zu lösen.*

Platziere den zweiten Heber einige Speichen weiter als den ersten. Beweg ihn dann langsam und vorsichtig einmal herum, bis der Mantel ganz von der Felge kommt.

Schritt 4: *Greif mit der Hand unter den Mantel und ziehe nun den Schlauch heraus.*

Schritt 5: *Drück das Ventil vorsichtig durch das Loch in der Felge heraus.*

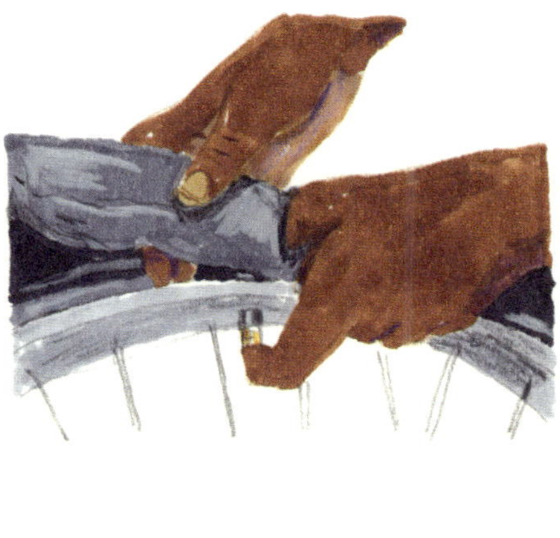

Schritt 6: *Zieh den Rest des Schlauchs heraus.*

Teil 3: Schlauch flicken, falls möglich

Hat der Schlauch nur ein kleines Loch, kannst du es besser flicken und musst ihn nicht ersetzen. Um das Loch zu finden, pumpst du den Schlauch auf. Die durch das Loch entweichende Luft erzeugt ein zischendes Geräusch. Du kannst den Schlauch auch in Wasser legen und auf Luftbläschen achten.

Schritt 1: *Markier das Loch mit einem Faden oder mit Kreide. Der Schlauch muss um das Loch herum sauber und trocken sein. Damit der Flicken besser hält, solltest du die Oberfläche mit Sandpapier aufrauen.*

Schritt 2: *Trag eine dünne Schicht Kleber auf dem Schlauch und auf dem Flicken auf. Lass den Kleber einige Minuten antrocknen.*

Schritt 3: *Sobald der Kleber angetrocknet ist, kannst du den Flicken auf das Loch legen. Drück den Flicken zur Sicherheit eine Minute lang fest.*

Teil 4: Schlauch austauschen

Schritt 1: *Schau nach, ob nicht im Mantel ein Loch ist oder spitze Gegenstände darin stecken, die deinen neuen Schlauch kaputt machen könnten.*

Entferne mit einem Lappen Schmutz und Fremdkörper aus dem Inneren des Mantels.

Schritt 2: *Pump den geflickten oder neuen Schlauch auf, bis er seine Form hält und überprüf, ob nicht noch mehr Löcher drin sind.*

Pump den Schlauch noch nicht ganz auf.

Schritt 3: *Falls du den Mantel von der Felge genommen hast, zieh ihn jetzt wieder auf, aber lass einen Rand überstehen, damit du den Schlauch noch dazwischen bekommst.*

Schritt 4: *Drück das Ventil von innen durch das Loch. Pass auf, dass es nicht schräg herausschaut.*

Schritt 5: *Drück den Schlauch mit den Fingern vorsichtig unter den Mantel. Passt er nicht, musst du ihn wieder rausnehmen und etwas Luft ablassen.*

Schritt 6: *Heb die lose Seite des Mantels über die Felge – hier können wieder die Reifenheber helfen – und pump den Schlauch ganz auf. Schraub die Ventilkappe wieder zu.*

Teil 5: Das Rad wieder einhängen

Schritt 1: *Stell dein Fahrrad verkehrt herum auf, mit dem Lenkrad nach unten.*

Schritt 2: *Setz das Rad in die Aussparung an der Gabel ein.*

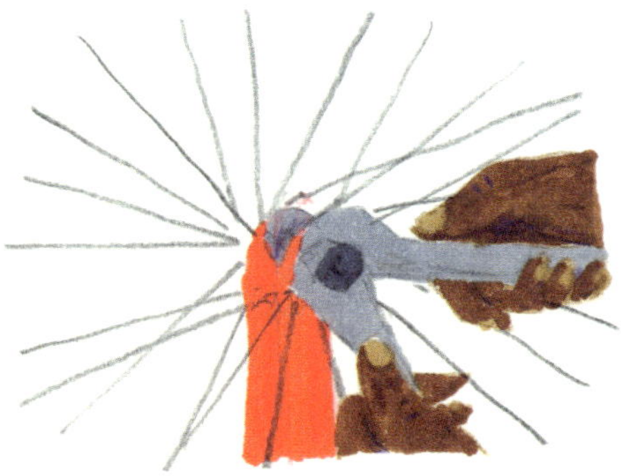

Schritt 3: *Dreh den Schnellspanner oder zieh die Muttern an der Gabel fest, um das Rad zu fixieren.*

Schritt 4: *Beim Hinterrad musst du jetzt die Kette wieder einhängen.*

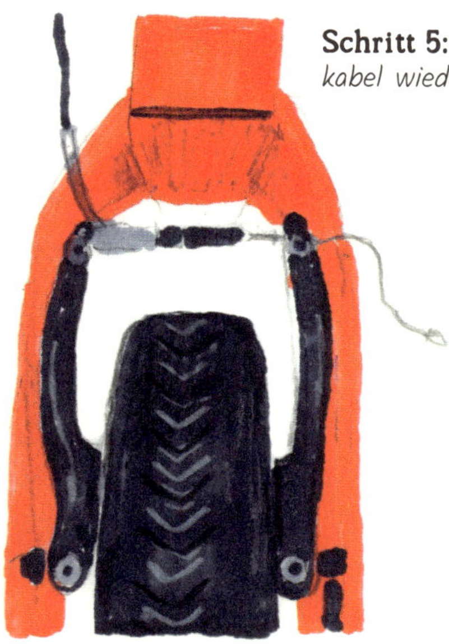

Schritt 5: *Häng das Bremskabel wieder ein.*

Schritt 6: *Mach den Test, bevor es weitergeht: Dreht sich das Rad frei und funktionieren die Bremsen?*

GEMÜSE EINLEGEN

Schon seit mehr als 4000 Jahren legen Menschen Gemüse ein. Kleopatra schwor auf eingelegtes Gemüse, um gesund und schön zu bleiben, Seeleute nahmen es mit aufs Schiff, um Krankheiten wie Skorbut vorzubeugen, und sogar der Dichter Shakespeare schrieb darüber. Das Einlegen hat zwei Vorteile: Es hilft, Früchte und Gemüse länger frisch zu halten, und verfeinert den Geschmack. Meist denkt man beim Einlegen an Gurken, aber fast alle Sorten Obst und Gemüse sind dafür geeignet: Möhren, Blumenkohl, Okra, grüne Bohnen und sogar Rote Bete, einzeln oder auch gemischt.

Material:

- *Messer*
- *Schneidebrett*
- *Einmachglas (ca. 1 Liter) mit Deckel*
- *Topf*
- *Holzlöffel*
- *Kühlschrank*

Zutaten:

- 450 g Gurken (ca. 3-4 Stück)
- 125 ml Haushaltsessig
- 250 ml Wasser
- 50 g Zucker
- 2 Esslöffel Salz (ohne Zusätze)

Nach Geschmack hinzufügen (optional):

- ½ Zwiebel, mild
- 1 ½ Teelöffel Pfefferkörner
- 1½ Teelöffel getrocknete rote Chiliflocken oder 1 frische Chilischote
- 2 Zehen Knoblauch
- frischer Dill
- 1 Teelöffel Korianderkapseln

Schritt-für-Schritt-Anleitung zum Einlegen

Schritt 1: *Schneid die Gurken in die Form, die du möchtest. Beliebt sind Stifte und Scheiben.*

Schritt 2: *Füll das saubere Glas mit den Gurken und nach Geschmack mit weiteren Zutaten.*

Schritt 3: *Bring das Wasser in einem Topf auf dem Herd zum Kochen. Füg Essig, Salz und Zucker hinzu und rühr um, bis sich Salz und Zucker aufgelöst haben. Lass die Mischung abkühlen.*

Schritt 4: *Gieß die Mischung langsam und vorsichtig in das Glas. Mach es nicht zu voll, lass ein wenig Luft unter dem Rand.*

Schritt 5: *Schraub den Deckel auf und kühl das Glas einige Stunden, bevor du von den Gurken isst.*

Schritt 6: *Iss dein Glas innerhalb einiger Wochen leer. Bewahre es immer im Kühlschrank auf.*

LIMONADE SELBST MACHEN

Gibt dir das Leben Zitronen – mach leckere Limonade daraus!

Die fanden auch schon die Menschen im alten Ägypten erfrischend und nannten ihr gesüßtes Zitronengetränk Qatarmizat. Limonade, wie wir sie kennen, wurde zum ersten Mal im August 1630 in Paris getrunken. Händler schnallten sich Limonadebehälter auf den Rücken und verkauften das beliebte Getränk auf den Straßen. Die Pariser Limonade – mit Sprudelwasser – soll sogar im Kampf gegen die Pest geholfen haben: Ratten fraßen die weggeworfenen Zitronenschalen, wodurch ihre Flöhe verschwanden und so die Krankheit nicht mehr übertragen konnten. Heute gibt es an einem heißen Sommertag nichts Schöneres als einen Krug selbstgemachter Limonade.

Schritt-für-Schritt-Anleitung für selbstgemachte Limonade

Zutaten: - 7 Zitronen - 225 g Zucker - 1 l Wasser

Schritt 1: *Leg eine Zitrone für die Deko beiseite. Roll die anderen mit der Hand fest über die Arbeitsplatte, so werden sie weicher. Schneid sie danach in Hälften.*

Schritt 2: *Press die Zitronen mit einer Zitruspresse vollständig aus. Falls du keine hast, geht es auch mit der Hand und viel Kraft. Entferne alle Kerne, die eventuell in den Saft gefallen sind.*

Schritt 3: *Gieß Zitronensaft, Zucker und etwa 1 l Wasser in einen Krug und rühre, bis sich der Zucker auflöst. Falls es dir zu süß ist, gieß mehr Wasser dazu.*

Schritt 4: *Lass die Limonade im Kühlschrank abkühlen und serviere sie in einem Glas mit Eiswürfeln.*

Schritt 5: *Schneid die letzte Zitrone in Scheiben und gib sie in den Krug oder eine Scheibe in jedes Glas.*

NÄHEN OHNE NÄHMASCHINE

Nähen ist eine wirklich uralte Kunst.

Bei Ausgrabungen in Russland wurde 30 000 Jahre alte Kleidung gefunden, auf die Perlen genäht waren. In China gab es schon vor 5500 Jahren Stickereien. Die Erfindung der Nähmaschine einige tausend Jahre später erleichterte und beschleunigte das Nähen, aber das Sticken von Hand blieb eine beliebte Methode, um einzigartige Muster zu erzeugen. Lerne ein paar einfache Stiche kennen und schon bald wirst du beim Nähen den roten Faden nicht mehr verlieren.

Sticharten, die du kennen solltest

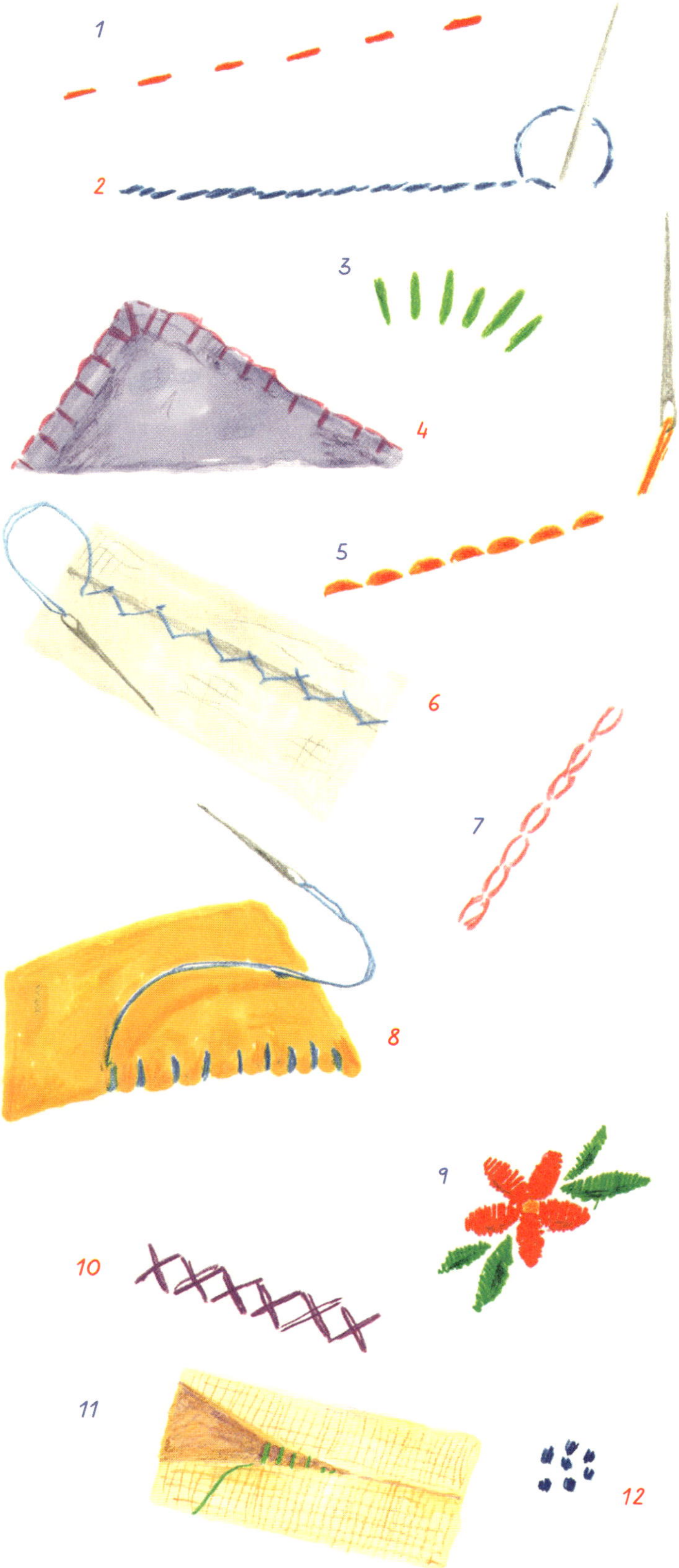

1. Der ***Vorstich*** hat viele Funktionen. Zum Beispiel das Heften, also das lockere Verbinden von Stoffen vor den dauerhaften Nähten und Stickereien.

2. Der ***Stielstich*** ist eine weitere dekorative Methode, Linien und Abgrenzungen zu sticken.

3. Beim ***Geradstich*** werden verschieden lange Stiche gesetzt, um beim Sticken ein Muster zu erzeugen.

4. Mit dem ***Festonstich*** wurden früher die Ränder von Leinen- oder Wolldecken gesäumt, damit der Stoff nicht ausfranst.

5. Der ***Rückstich*** ist ein belastbarer Stich, mit dem sich gerade Linien sticken oder zwei Stoffe fest miteinander verbinden lassen

6. Der ***Hexenstich*** ist eine Art Kreuzstich, mit dem hauptsächlich Säume an Kleidung genäht werden.

7. Der ***Kettenstich*** wird verwendet, um Konturen zu erzeugen oder Flächen auszufüllen. Außerdem eignet er sich für Jeansnähte.

8. Der ***Überwendlingsstich*** eignet sich zum Säumen, damit der Stoff nicht ausfranst.

9. Der ***Plattstich*** ist super, um Formen auszufüllen, und erzeugt einen glatten, vollen Eindruck.

10. Beim ***Kreuzstich*** liegen diagonal gesetzte Stiche als Kreuze nebeneinander, um beim Sticken dekorative Abschlüsse für gefüllte Flächen oder Konturen zu erschaffen.

11. Mit dem ***Matratzenstich*** lassen sich zwei Stoffe verbinden, ohne dass die Naht zu sehen ist.

12. Der ***Knötchenstich*** ist ein dekorativer Stich, der einen kleinen Knubbel erzeugt und der Stickerei Struktur verleiht.

Einen Heftstich nähen

Schritt 1: *Stich mit Nadel und Faden von hinten durch ein Stück Stoff und zieh den Faden ganz durch. Näh einen Stich, indem du die Nadel etwa ½ Zentimeter entfernt wieder nach hinten führst.*

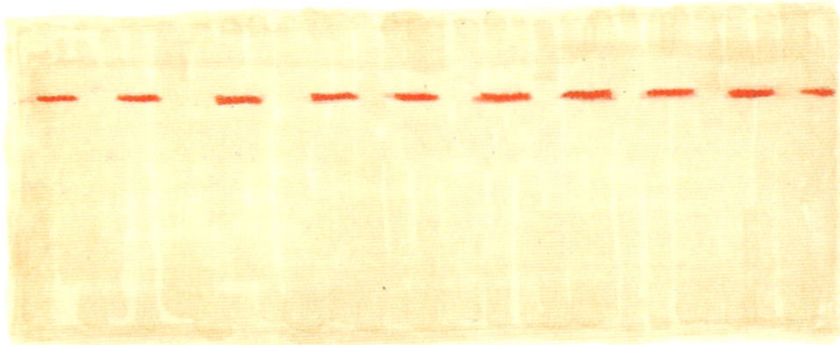

Schritt 2: *Wiederhole Schritt 1 so, dass die Stiche und Zwischenräume die gleiche Länge haben. So erzeugst du eine unterbrochene Linie, die als Umrandung für gefüllte Flächen oder als Dekoration benutzt werden kann.*

Einen Rückstich nähen

Schritt 1: *Stich mit der Nadel von hinten durch den Stoff und dann, etwas entfernt, wieder von vorne nach hinten.*

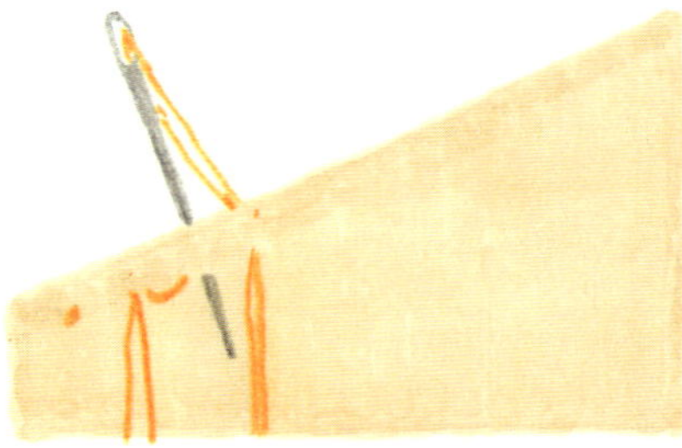

Schritt 2: *Führ die Nadel ½ Zentimeter neben dem Ende des ersten Stichs durch den Stoff wieder nach vorn. Das übersprungene Stück füllst du nun, indem du einen RÜCKstich ganz nah an das Ende des ersten Stichs machst und die Nadel nach hinten stichst.*

Schritt 3: *Wiederhole Schritt 2. Die einzelnen Stiche sind kaum zu erkennen, die Linie sieht ganz glatt aus.*

Einen Plattstich nähen

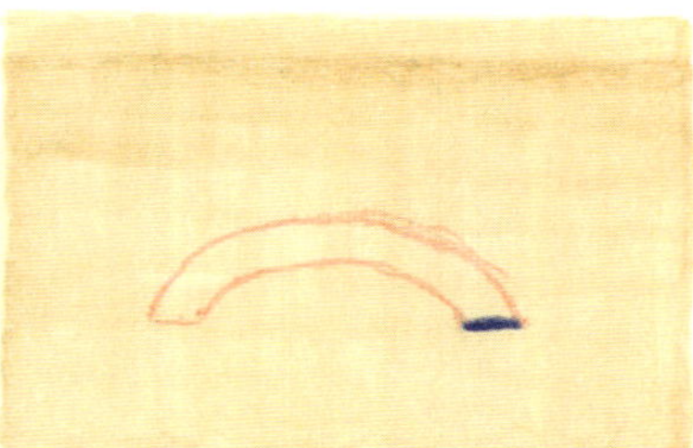

Schritt 1: *Führ eine Nadel von hinten durch den Stoff, und zwar außerhalb der von dir gemachten Markierung. Führ die Nadel über die Markierung und stich sie wieder nach hinten, du »malst« quasi in geraden Strichen über den Rand.*

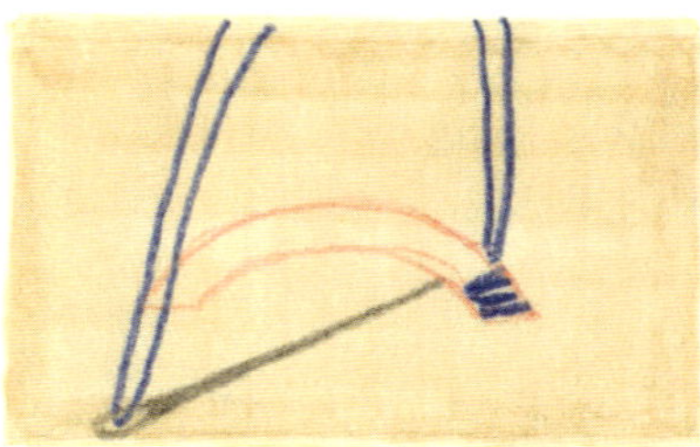

Schritt 2: *Stich nun ganz nah neben dem ersten Stich wieder von hinten nach vorne und ganz nah neben dem zweiten Stich wieder nach hinten.*

Schritt 3: *Wiederhole Schritt 2 und verändere die Stichlänge so, dass deine Form ausgefüllt wird. Am Schluss verknotest du den Faden auf der Rückseite.*

Schritt-für-Schritt-Anleitung, wie du ein Fahrrad stickst

Material:

- *Bleistift oder Kreide*

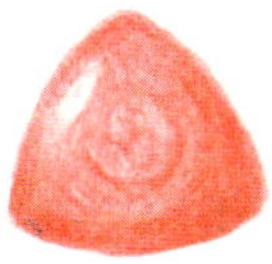

- *ein Stück hellen Stoff,* Baumwolle oder Leinen

- *Nadel*

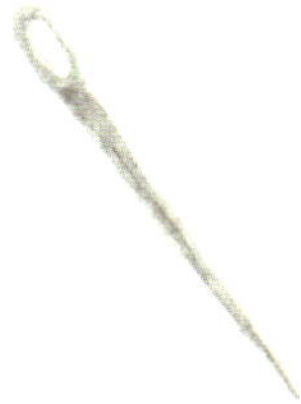

- *Faden,* die Farbe kannst du auswählen

Schritt 1: Zeichne mit Bleistift oder Kreide ein Fahrrad auf den Stoff, du kannst das Beispiel unten zu Hilfe nehmen.

Schritt 2: Fädle einen Faden ein und verknote ihn am Ende (siehe S. 34).

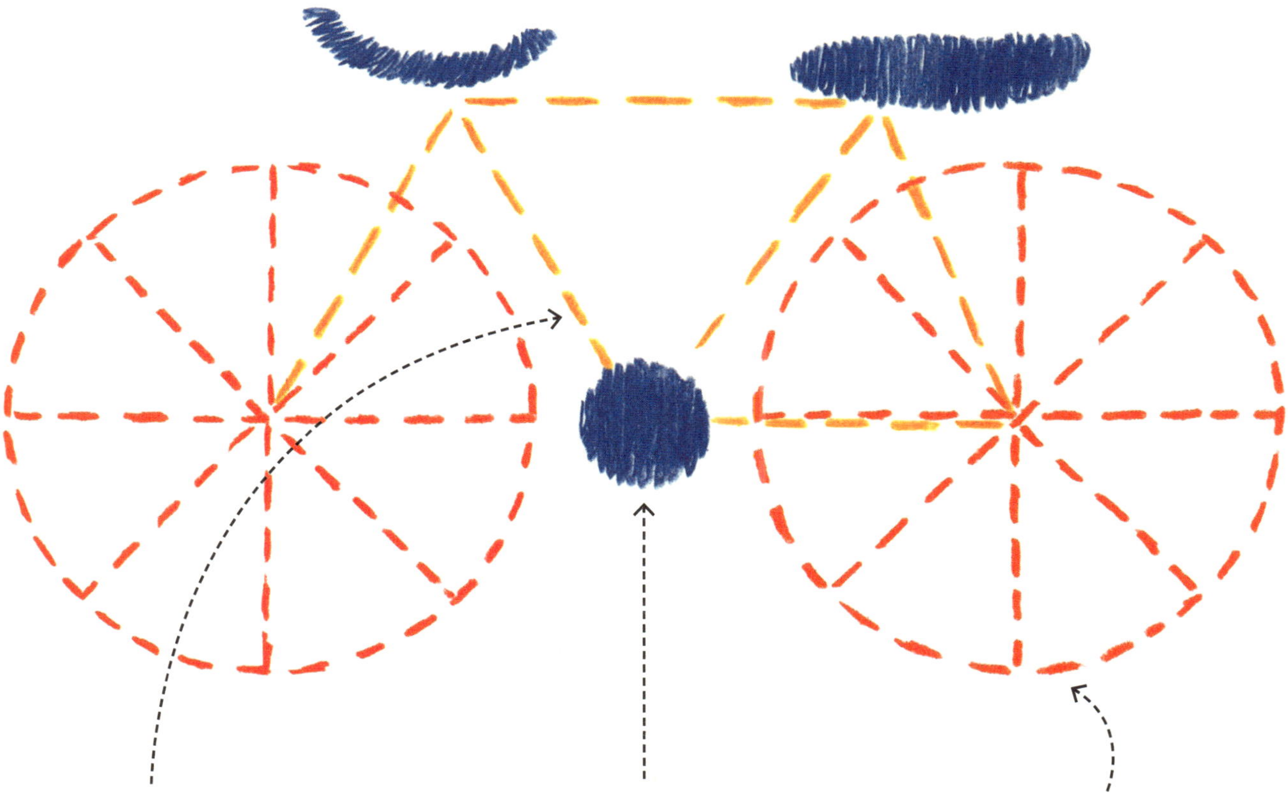

Schritt 3: Stick den Fahrradrahmen mit dem Rückstich.

Schritt 4: Stick Sattel, Lenkrad und Zahnräder mit dem Plattstich.

Schritt 5: Stick die Räder und Speichen mit dem Heftstich.

KRÄUTER ANBAUEN UND TROCKNEN

Kräuter schmecken und duften gut und einige helfen sogar bei der Behandlung von Krankheiten, daher werden sie schon seit Tausenden Jahren angebaut. Im antiken Rom nutzte man Lavendel als Badezusatz und in ägyptischen Gräbern wurde Basilikum gefunden. In Nordafrika und im Mittleren Osten trinken die Menschen schon seit Jahrhunderten Minztee. Kräuter kannst du ganz einfach im Garten oder auf dem Fensterbrett anbauen und zu Hause trocknen.

Wie du Kräuter anbaust

Samen

Auf den Samentütchen findest du die Anleitung zum Säen der Kräuter. Aber sei geduldig. Manchmal dauert es ein Jahr, bis du die Kräuter ernten kannst. Bei Salbei, Basilikum, Minze und Petersilie geht es schneller.

Setzlinge

Du kannst auch fertige Setzlinge kaufen und sie zu Hause in einen Blumentopf umpflanzen. Nimm einen Behälter, aus dem das Wasser wieder austritt, damit es nicht zu Staunässe kommt. Ein Topf für eine einzelne Kräutersorte sollte mindestens 15 cm Durchmesser haben. Du kannst aber auch verschiedene Kräuter in einen größeren Behälter pflanzen, wenn sie ähnliche Ansprüche an Wasser, Sonne und Erde stellen.

Pflanzen umtopfen

Um gekaufte Pflanzen oder Setzlinge umzutopfen, lockerst du vorsichtig mit den Händen oder einer Schaufel die Erde an den Topfrändern. Halt die Pflanze dicht über der Erde in der einen und den Topf in der anderen Hand. Zieh vorsichtig an der Pflanze, damit Wurzelballen und Erde aus dem Topf gleiten, und stell sie in den neuen Topf. Füll den neuen Topf mit Blumenerde auf, aber nur bis ca. 2,5 cm unter den Rand. Dein Topf sollte täglich 6–8 Stunden in der Sonne stehen. In der Wohnung solltest du daher ein Fenster nach Süden wählen.

Wie du Kräuter erntest

Kräuter müssen regelmäßig geerntet werden, damit sie weiterwachsen. Dabei solltest du die Blätter nah am Stängel mit den Fingern, einer Küchenschere oder einer Gartenschere abtrennen. Schneid nie mehr als ein Drittel der Pflanze auf einmal ab.

Die bekanntesten Kräuter und wie du sie verwendest

Basilikum

Für Pizza, Nudeln, Hähnchen, Salate oder Limonade. Auch lecker als Pesto.

Minze

Perfekt für Tee und andere Getränke. Schmeckt auch zu herzhaften Gerichten. Unterstützt die Verdauung und lindert Bauchweh.

Thymian

Lecker zu Fleisch, Bohnen, Tomaten und Gemüse.

Petersilie

Streu gehackte Petersilie auf jedes herzhafte Gericht: Das sieht gut aus und schmeckt.

Lavendel

Befüll Säckchen oder Augenmasken mit duftendem, beruhigendem Lavendel. Du kannst damit auch kochen und backen.

Oregano

Schmeckt herrlich zu italienischen Gerichten wie Pizza.

Rosmarin

Passt gut zu Fleisch, Kartoffeln und vielen anderen Gerichten.

Dill

Sehr lecker in Dips, als Zutat beim Einlegen oder zu Fischgerichten.

Zitronenmelisse

Reib ein paar Blätter über deine Haut, um Mücken fernzuhalten.

Kamille

Geeignet zum Aufbrühen von beruhigendem Tee.

Schnittlauch

Schneid ihn in dünne Ringe und verleihe deinen Speisen einen mild zwiebligen Geschmack und einen Hauch Farbe.

Salbei

Im Mittelmeerraum und im Nahen Osten wird dieses robuste Kraut in Würstchen und Saucen und zu Hähnchen gegessen.

Kräuter haltbar machen

Kräuter wachsen meist schneller, als du sie verbrauchen kannst. Die einfachste Lösung ist, den Überschuss an der Luft zu trocknen, sodass er lange haltbar ist.

Am besten zum Trocknen geeignet sind Kräuter, die nicht viel Wasser enthalten. Zum Beispiel Rosmarin, Oregano, Thymian, Minze und Dill.

Schritt-für-Schritt Anleitung zum Trocknen von Kräutern

Schritt 1: *Schneid ein Bund frische Kräuter von deiner Pflanze.*

Schritt 2: *Entferne die Blätter ganz unten am Stängel.*

Schritt 3: *Entferne alle trockenen, braunen Blätter, Schmutz und Insekten.*

Schritt 4: *Binde ungefähr 5 Stängel mit Faden zusammen.*

Schritt 5: *Steck die Bündel kopfüber in eine durchlöcherte Papiertüte und befestige sie an einer Leine.*

Schritt 6: *Häng die Tüten für 2 Wochen (oder bis die Blätter trocken sind und rascheln) in einen gut durchlüfteten Raum.*

Schritt 7: *Streich die Blätter mit der Hand von den Stängeln und gib sie entweder im Ganzen oder gehackt in luftdicht verschließbare Gläser.*

Schritt-für-Schritt-Anleitung für einen Kräutertee

Schritt 1: *Wähle deine Kräuter aus. Du kannst sowohl getrocknete als auch frische Kräuter nehmen. Bei den meisten Kräutern verwendest du die Blätter, aber bei manchen, zum Beispiel Kamille, die Blüten.*

Schritt 2: *Koch Wasser.*

Für Tee eignen sich:

- *Kamille (Blüten)*
- *Minze (Blätter)*
- *Zitronenverbene (Blätter)*
- *Zitronenmelisse (Blätter)*

Schritt 3: *Gib die Kräuter in eine Tasse, Teekanne oder in ein Teesieb, für jede Tasse Wasser ein Esslöffel frische Kräuter oder ein Teelöffel getrocknete. Je nach Geschmack kannst du auch mehr oder weniger nehmen.*

Schritt 4: *Gib vorsichtig kochendes Wasser über die Kräuter.*

Schritt 5: *Lass den Tee 3-5 Minuten ziehen. Je länger der Tee zieht, desto kräftiger schmeckt er.*

Schritt 6: *Abgießen und servieren. Füg Honig oder Zitronenscheiben hinzu, wenn du magst.*

Material:

- *Socke mit einem Loch*
- *etwas Wolle*
  Wenn deine Socken aus dicker Wolle sind, nimmst du dicke Wolle. Sind sie dünner, nimmst du dünnere.
- *Nadel*
  eine dicke Nadel mit einem großen Öhr
- *Tennisball*
- *Schere*

SOCKEN STOPFEN

Seit wann tragen Menschen eigentlich Socken?
Der griechische Dichter Hesiod schrieb zwar im 8. Jahrhundert vor unserer Zeitrechnung über Socken aus verfilzten Tierhaaren, aber Fachleute gehen davon aus, dass es sie schon viel früher gab – nämlich in der Steinzeit! Im 2. Jahrhundert trugen die Römer die ersten gestrickten Socken. Seitdem beherrschen die Menschen auch die Kunst des Stopfens, damit ihre Socken länger halten. Wenn du heute früh eine Socke mit Loch gefunden hast, schmeiß sie nicht weg – schnapp dir lieber eine Nadel.

Schritt-für-Schritt-Anleitung zum Sockenstopfen

Schritt 1: *Steck einen Tennisball in deine Socke, genau an die Stelle, wo das Loch ist. Die Socke sollte dort glatt und ohne Falten sein.*

Schritt 2: *Stell dir vor, ein Viereck bedeckt dein Loch. Fädle einen Faden durch die Stopfnadel und beginne an dessen gedachter unterer rechter Ecke mit dem Nähen. Lass ein Stück Garn von 10 cm Länge überstehen. Mach keinen Knoten, der könnte dich später stören. Das Ende wird hinterher verwoben.*

Schritt 3: *Stich von der unteren rechten zur oberen rechten Seite des Lochs und dann wieder, parallel zum ersten Stich, von oben nach unten. Zieh den Faden nicht stramm, der Stoff sollte flach liegenbleiben.*

Schritt 4: *Wiederhole Schritt 3, bis das Loch von vielen horizontalen Stichen bedeckt ist, die letzten Stiche liegen ein wenig neben dem Loch. Schneid das Garn ab, wieder mit einem 10 cm langen Rest.*

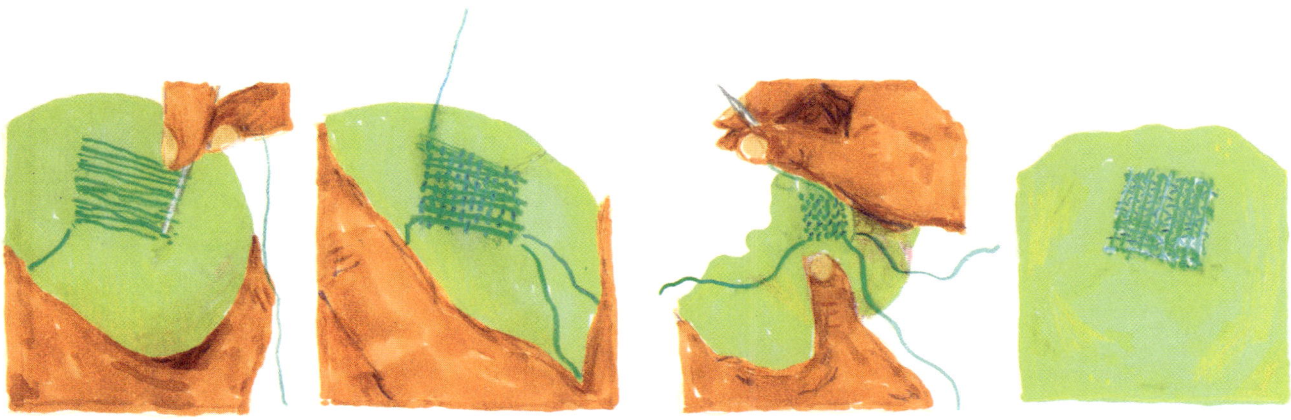

Schritt 5: *Web mit der Nadel den Faden über das Loch, einmal über einen Querfaden, dann wieder darunter durch, immer abwechselnd. Setz am Rand des Lochs einen Stich. Weiter geht es in die andere Richtung.*

Schritt 6: *Bist du beim ersten Mal über einen Faden gegangen, führst du die Nadel jetzt drunter durch und umgekehrt. So bildet sich ein gewebtes Muster über dem Loch. Lass auch jetzt einen 10-cm-Rest stehen, wenn du fertig bist.*

Schritt 7: *Nimm den Ball wieder aus der Socke und fädle eines der überstehenden Enden in die Nadel ein. Zieh den Faden auf die Innenseite deiner Socke.*

Schritt 8: *Zieh das Ende stramm, ohne den Flicken zu kräuseln. Vernäh es im Flicken. So brauchst du keinen Knoten.*

Wiederhole dies mit den anderen drei Enden.

FÄRBEN MIT NATURMATERIALIEN

Menschen färben schon seit Tausenden Jahren mit Materialien aus der Natur. Im alten Ägypten gewann man rote Farbe aus Pflanzenwurzeln und vor 3500 Jahren entdeckte ein Volk im heutigen Libanon, dass man aus kleinen Meeresschnecken ein kräftiges Purpurrot herstellen kann. Jahrhundertelang war das die teuerste Farbe überhaupt und sie wurde ein Symbol für Reichtum und Macht. Purpur wird auch heute noch von Königinnen und Königen getragen.

Natürliche Farbstoffe

Die Natur ist voller Materialien, die du zum Färben verwenden kannst.
Hier findest du einige sehr bekannte.

Schwarze Bohnen
Farbe: Blau

Rotkohl
Farbe: Lila

Rote Bete
Farbe: Pink

Schale und Kern der Avocado
Farbe: Altrosa

Schale der Gelben Zwiebel
Farbe: Gelborange

Minzblätter
Farbe: Graugrün

Spinat
Farbe: Grün

Kaffee
Farbe: Braun

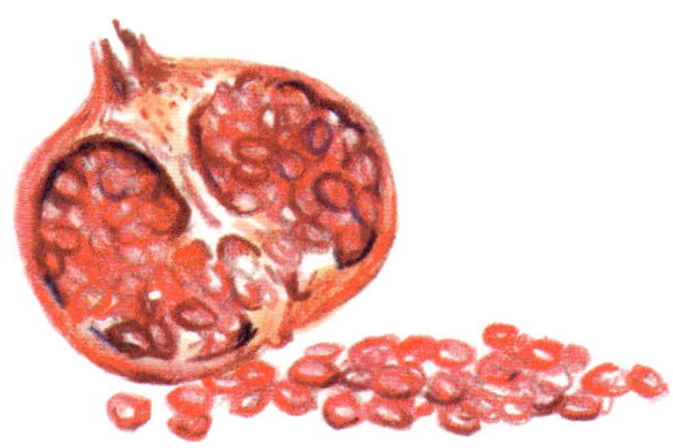

Granatapfelkerne
Farbe: Hellrot

Schritt-für-Schritt-Anleitung für ein Färbemittel aus Naturmaterialien

Material:

- *zwei tiefe Töpfe* (am besten aus rostfreiem Edelstahl)
- *Holzlöffel*
- *Sieb*
- *Gummihandschuhe*
- *Salz*
- *Rotkohl oder Rote Bete*
- *Wasser*
- *Schraubglas mit Deckel*

Tipp: Farbstoffe können Flecken hinterlassen, frag also nach, bevor du Töpfe und Küchengeräte benutzt.

Besonders spannend am Färben ist, dass du nie genau weißt, wie dein Stoff am Ende aussehen wird. Der genaue Farbton hängt von vielen verschiedenen Dingen ab, du darfst also gespannt sein!

Schritt 1: *Schneid den Rotkohl oder die Rote Bete in 2,5 cm große Würfel. Gib das Gemüse in einen Topf und füg ungefähr doppelt so viel Wasser hinzu.*

Schritt 2: *Gib einige Teelöffel Salz hinzu und rühr mit einem Holzlöffel um, bis es sich aufgelöst hat.*

Schritt 3: *Erhitz das Wasser und lass das Gemüse etwa eine Stunde sieden (nicht kochen) – oder so lange, bis du mit der Farbe zufrieden bist.*

Schritt 4: *Zieh Handschuhe an. Gieß deine Farbe durch ein Sieb in einen zweiten großen Topf.*

Step 5: *Die Farbe kannst du in einem Schraubglas aufbewahren.*

Kaffee- und Teefarben

Ganz einfach kannst du ein Färbemittel aus Kaffee (oder auch Tee) herstellen. Koch dafür eine Kanne Kaffee. Je mehr Kaffeepulver du verwendest, desto dunkler wird die Farbe. Ein helleres Braun erhältst du, wenn du den Kaffee mit kochendem Wasser verdünnst. Eine Kanne starker Schwarztee hat den gleichen Effekt.

Stoffe färben

Um Stoffe mit natürlicher Farbe zu färben, gibst du so viel Wasser in einen Topf, wie du brauchst, um deinen Stoff einige Zentimeter mit Wasser zu bedecken. Schreib auf, wie viel Wasser es ist. Gib auf vier Teile Wasser einen Teil Haushaltsessig hinzu, so bleibt die Farbe besser am Stoff haften.

Gib deinen sauberen Stoff ins Wasser und lass ihn eine Stunde köcheln. Ab und zu umrühren. Stoff abgießen und ausspülen.

Gib den nassen Stoff in einen Topf mit deiner gewünschten Farbe. Der Stoff muss komplett mit Farbe bedeckt sein. Lass deinen Stoff mindestens eine Stunde einweichen, aber nicht länger als zwölf Stunden.

Hol mit Hilfe einer Zange oder mit Gummihandschuhen den Stoff aus der Farbe und spül ihn unterm Wasserhahn aus, bis das Wasser klar bleibt.

Wring den Stoff aus und häng ihn zum Trocknen auf. Die Farbe wird noch ein wenig heller werden. Gefärbter Stoff sollte getrennt von anderen Kleidungsstücken im Schonwaschgang gewaschen werden.

STEINE ÜBERS WASSER HÜPFEN LASSEN

Seit Jahrhunderten ist das gute alte Steinehüpfen äußerst beliebt. Der italienische Wissenschaftler Lazzaro Spallanzani hat vor 250 Jahren sogar die Physik dahinter studiert. Zum Glück musst du kein Physiker sein, um diesen Trick zu lernen. Mit ein wenig Übung hüpfen auch deine Steine weit über das Wasser, anstatt mit einem Plumps unterzugehen!

Der perfekte Stein

Den richtigen Stein zu finden ist der erste Schritt auf dem Weg zum erfolgreichen Steinehüpfen.

Dein Stein sollte dünn und möglichst flach sein. Eine kleine Einkerbung oder Erhebung auf einer Seite des Steins ist zwar praktisch als Ablage für den Finger, aber die andere Seite sollte wirklich glatt sein. Die flachste Seite ist immer die Unterseite.

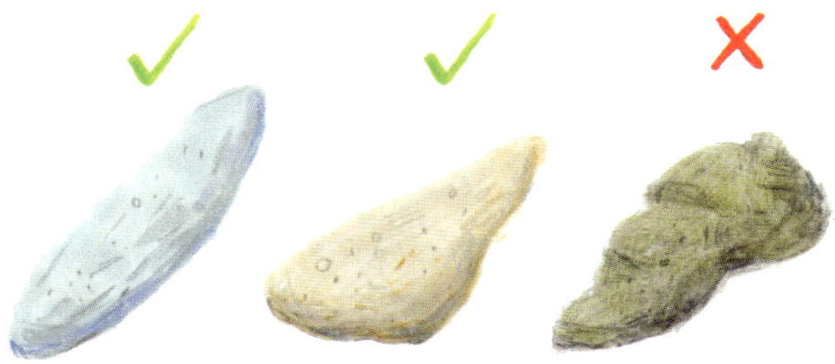

Ovale oder dreieckige Steine sind die besten Hüpfsteine.

Der Stein sollte klein genug sein, damit er in deine Hand passt. Wenn du ihn wirfst, musst du ihn zwischen Daumen und Zeigefinger halten können.

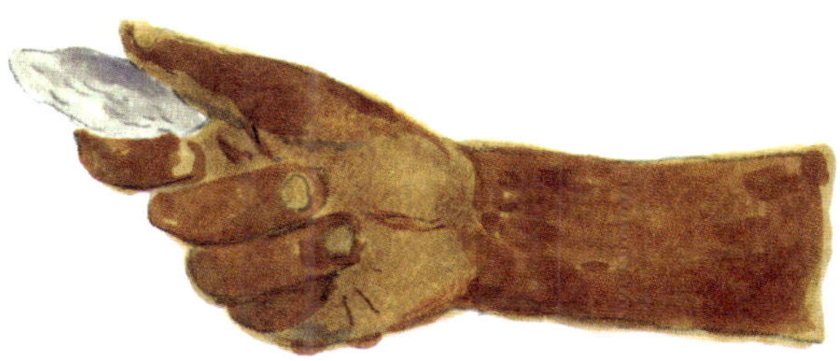

Nimm einen nicht zu schweren Stein. Er sollte weniger als ein Tennisball wiegen.

Die idealen Bedingungen

Am besten funktioniert Steinehüpfen auf Seen und Teichen, da deren Wasseroberfläche meist glatt und ruhig ist. Du kannst es auch am Meer versuchen, aber dort könnte es zu windig sein.

Steinehüpfen aus Sicht der Wissenschaft

Wie genau schafft es ein kleiner Stein, von der Wasseroberfläche abzuprallen?

Die Wissenschaft hat sich mit dem Steinehüpfen beschäftigt und kann erklären, wie es am besten funktioniert. Wenn der Stein über die Wasseroberfläche hüpft, ist er gar nicht immer genau parallel zu ihr unterwegs.

Die Kombination von Rotation, Geschwindigkeit und Aufprallwinkel ist der Schlüssel.

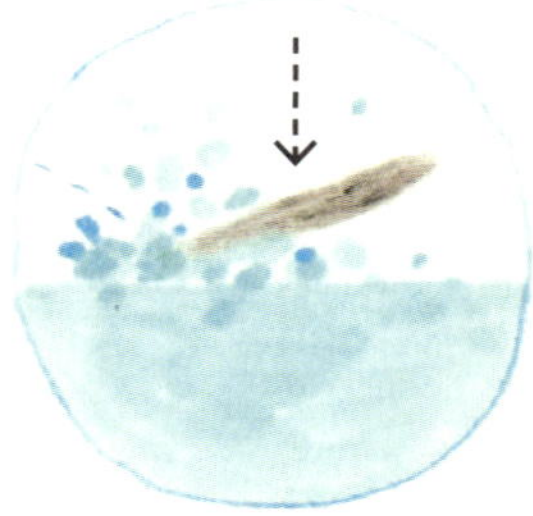

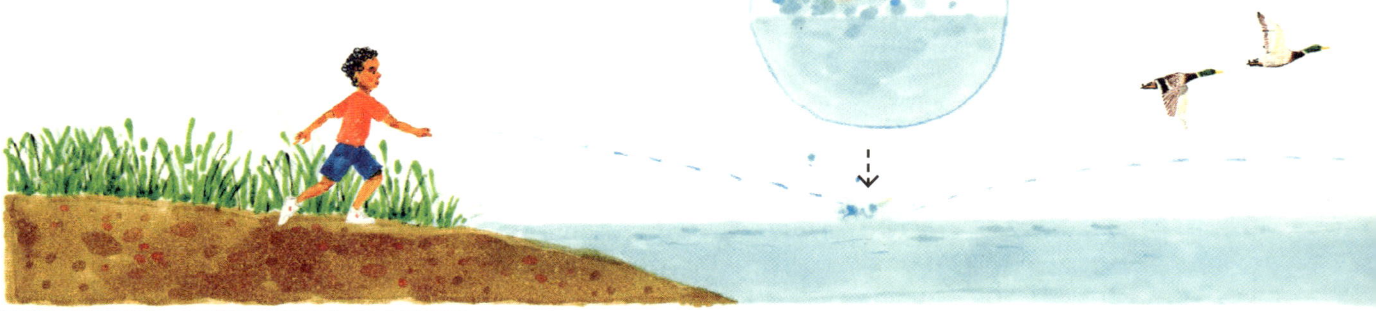

Schritt-für-Schritt-Anleitung fürs Steinehüpfen

Schritt 1: *Wähle deinen Stein. Nimm einen möglichst flachen Stein, der in deine Handfläche passt und der nicht zu schwer ist.*

Schritt 3: *Nimm den Stein so in die Hand, dass dein Daumen auf der Unterseite liegt und dein Zeigefinger am oberen Rand (hat dein Stein eine Einkerbung, kannst du deinen Finger dort drauflegen).*

Der Stein ruht auf deinen anderen drei Fingern.

Schritt 2: *Die flachere Seite des Steins ist die Unterseite.*

Schritt 4: *Jetzt wird geworfen. Stell dich leicht schräg zum Wasser auf und geh etwas in die Knie. Mit dem Stein parallel zum Boden führst du deinen Wurfarm ausgestreckt hinter dich, dein Oberkörper zeigt aber weiter zum Wasser.*

Eine Seite des Steins ist höher als die andere, sodass ein Winkel, also ein Dreieck zwischen Wasseroberfläche und Unterseite des Steins entsteht. Je flacher das Dreieck, desto besser das Ergebnis.

Ein Winkel von 20 Grad gilt dabei als ideal. Stell dir ein schmales Stück Pizza zwischen Stein und Wasser vor. Außerdem ist die Geschwindigkeit wichtig: Je schneller sich der Stein dreht, desto besser.

Sobald dein Stein über das Wasser hüpft, werden die Abstände immer kürzer, bis er schließlich gar nicht mehr hüpft. Meistens ist jeder Hüpfer etwa 80 Prozent so weit wie der vorhergehende. Wenn also dein erster Hüpfer 25 cm lang war, wird der nächste nur noch 20 cm, dann 16 cm, 12 cm usw. lang sein.

Schritt 5: *Abwurf! Spann dein Handgelenk und lass es Richtung Wasser schnellen. Lass den Stein los, wenn er auf Höhe deines Körpers ist. Deine Handfläche zeigt beim Abwurf nach oben.*

Lass deinen Arm auf die andere Körperseite ausschwingen.

Schritt 6: *Probier es weiter und hab Spaß dabei!*

EINEN MÜNZTRICK LERNEN

In Lydien, das auf dem Gebiet der heutigen Türkei lag, prägte man um 650 vor unserer Zeitrechnung die ersten Münzen. Im Laufe der Jahrhunderte wurden sie zu einer beliebten Requisite in Zaubershows. Wer einen Münztrick vorführt, kann mit einem großen Publikum rechnen. Der weltberühmte Magier und Entfesselungskünstler Harry Houdini zeigte zu Beginn seiner Karriere Münztricks bei seinen Auftritten. Mit ein wenig Übung kannst auch du einfache Münztricks erlernen.

Beliebte Münztricks

Magician's Choice

Jemand aus dem Publikum wird gebeten, ein Objekt auszusuchen. Der Magier oder die Magierin sagt das Ergebnis scheinbar voraus, in Wahrheit kontrolliert er oder sie aber die Wahl.

Münze hinter dem Ohr hervorzaubern

Plötzlich eine Münze hinter jemandes Ohr hervorzaubern.

Coin Matrix

Mit Hilfe von Karten werden vier Münzen aus vier verschiedenen Ecken an dieselbe Stelle bewegt.

Münze in der Flasche

Eine große Münze passt auf einmal in eine Flasche mit engem Hals.

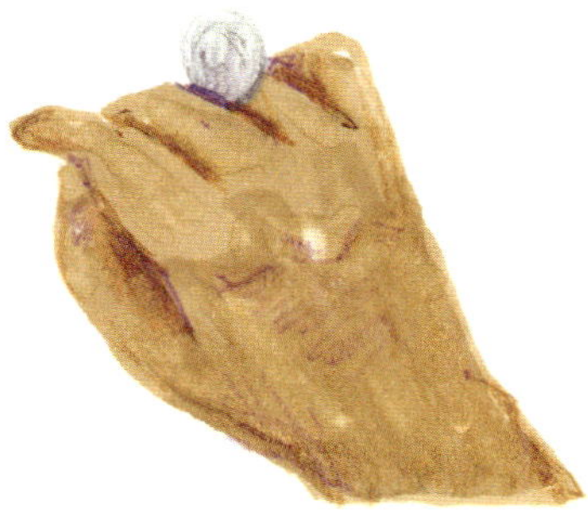

Knöchelrollen

Eine Münze bewegt sich schnell über die Fingerknöchel. Mit viel Übung sieht es aus, als würde sie rollen.

Münze in einem Taschentuch verschwinden lassen

Eine Münze verschwindet unter einem Tuch.

Münze in einem Glas verschwinden lassen

Ein Glas wird über eine Münze gestülpt und lässt sie verschwinden.

Münze mit Wasser verschwinden lassen

Eine Münze in einem Glas verschwindet, wenn Wasser eingegossen wird.

Schritt-für-Schritt-Anleitung für zwei klassische Münztricks

Material:

- mittlere bis große Münze, zum Beispiel 50 Cent oder 2 Euro

Trick 1: Knöchelrollen

Schritt 1: *Zu Beginn hast du die Münze in der Hand. Zeig sie deinem Publikum.*

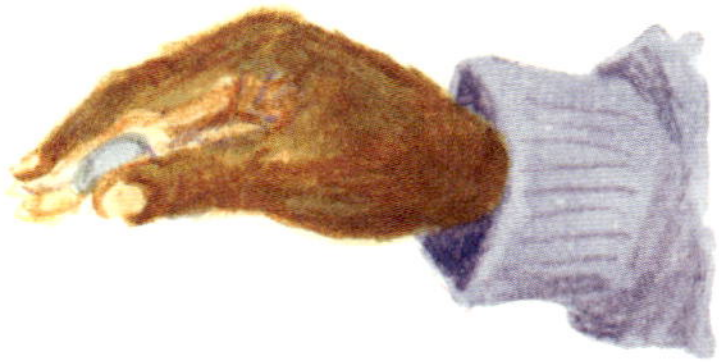

Schritt 2: *Nimm die Münze zwischen Daumen und Zeigefinger und dreh deinen Handrücken nach oben.*

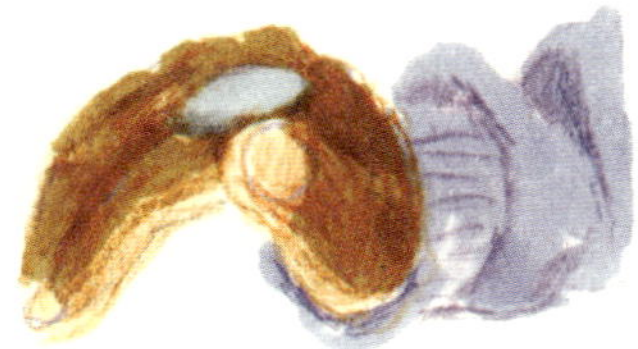

Schritt 3: *Schieb mit dem Daumen die Münze am Zeigefinger entlang nach oben, bis sie flach auf dem Zeigefinger liegt.*

Schritt 4: *Heb nun den Mittelfinger, bis die Kante der Münze unter ihm liegt, senk ihn wieder und heb gleichzeitig den Zeigefinger, sodass die Münze auf den Mittelfinger fällt.*

Schritt 5: *Wiederhole die Bewegung mit Mittel- und Ringfinger, sodass die Münze weiterwandert.*

Schritt 6: *Zum Schluss liegt die Münze zwischen Ringfinger und kleinem Finger.*

Schritt 7: *Öffne die Finger ein wenig, damit die Münze durch den Spalt gleiten kann. Dreh deine Hand so, dass die Handfläche zum Publikum zeigt. Nimm die Münze mit dem Daumen und schieb sie zurück in deine Handfläche.*

Übe so lange, bis du alles schnell und sauber ausführen kannst. Dann versuche zwei oder drei Durchgänge Knöchelrollen hintereinander!

Trick 2: Der klassische Münze-hinterm-Ohr-Trick

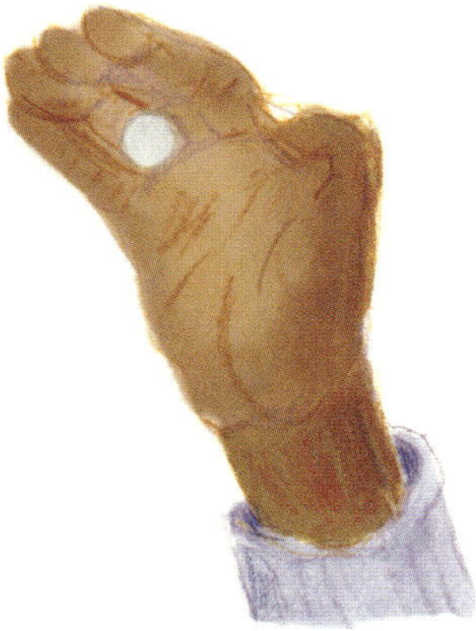

Schritt 1: *Klemm die Münze zwischen deine Finger. Krümm die Finger ein wenig, sodass die Münze eingeklemmt wird. Die Münze darf nicht fallen, auch wenn du die Hand drehst und herunterhängen lässt.*

Schritt 2: *Geh auf dein Gegenüber zu und schau ihr oder ihm in die Augen. Wenn er oder sie dich anschaut, bewegst du deine Hand mit der Handfläche nach unten neben ihren oder seinen Kopf.*

Schritt 3: *Wenn deine Hand neben dem Ohr ist, kann dein Gegenüber sie nicht mehr sehen. Streck dann deine Finger aus und schieb die Münze mit dem Daumen zu den Fingerspitzen.*

Schritt 4: *Zieh dann deine Hand wieder gut sichtbar mit der Münze zurück.*

Ta-da!

Geschwindigkeit und Flow sind hier ganz wichtig. Die Schritte 2, 3 und 4 sollten als eine fließende Bewegung ausgeführt werden.

QUILTEN

Schon mindestens seit dem Mittelalter gibt es die Kunst des Quiltens. Am Anfang wurden Bettüberwürfe gequiltet, die in den Familien weitervererbt wurden. Außerdem fertigte man so Kleidungsstücke, die warm hielten und dennoch leicht waren. Früher wurde nicht gerne etwas weggeworfen, nicht einmal Stoff. Reste von Stoffen wurden aufgehoben und mit Hilfe der Patchwork-Technik zusammengenäht. Manche Muster waren einfach, andere sehr kunstvoll und aufwändig. Jedem Quilt ist die Geschichte einer Familie und einer Kultur eingenäht.

Quilt-Blöcke

Ein Quilt wird aus individuellen Quadraten, Blöcke genannt, genäht. Hier siehst du einige bekannte Muster. Aber es gibt noch Tausende andere Möglichkeiten!

Dresdner Teller

LeMoyne Star

Blockhaus

Sixteen Patch

Yosegi gokuzshi

Kurume kasuri igeta

Fliegende Gänse

Jakobsleiter

Windmühle

Amboss

Rose von Sharon

Korb

Bärentatze

Kartentrick

Verrückte Steppdecke

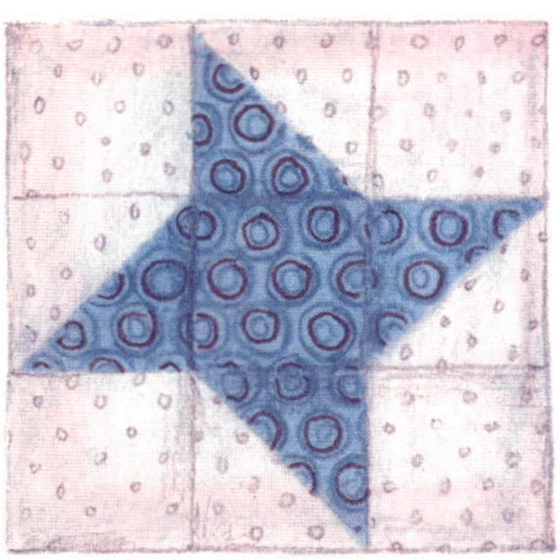

Freundschaftsquilt

New Irish Chain

Triangle Weave

Schritt-für-Schritt-Anleitung für ein gequiltetes Kissen mit 16 Blöcken

Material:

Für den Quilt-Topper:

- *4 quadratische Stücke Baumwollstoff* (12,5 cm x 12,5 cm) mit 4 verschiedenen Drucken (insgesamt 16 Stoffquadrate)
- *Volumenvlies zum Quilten,* 45 cm x 45 cm

Für die Kissenrückseite:

- *2 Baumwollstoffstücke* (uni oder bedruckt) mit den Maßen 48 cm x 38 cm und 48 cm x 30 cm

---

- *Kissenfüllung* 45 cm x 45 cm
- *Garn* in passenden Farben
- *Schere*
- *Zackenschere* (optional)
- *Maßband*
- *Stecknadeln*
- *Nähnadel*
- *Bügeleisen* (mit der Hilfe eines Erwachsenen benutzen)

Den Quilt-Topper nähen

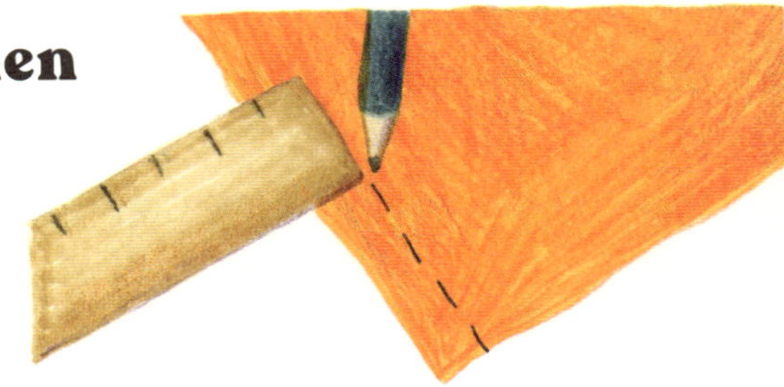

Schritt 1: *Markiere auf der Rückseite von jedem der 16 Vierecke eine Nahtzugabe von ca. 1 cm*

Schritt 2: *Leg die Quadrate zu einem großen aus 4 x 4 Quadraten, wobei sich zwei gleiche Muster nicht berühren dürfen.*

Schritt 3: *Beim Zusammennähen beginnst du mit zwei Quadraten und legst sie Muster auf Muster aufeinander. Steck die Quadrate an einer Seite mit Stecknadeln zusammen.*

Näh die Quadrate mit einem Geradstich genau auf der Nahtzugabe zusammen.

Wiederhole Schritt 3, bis du vier Streifen mit jeweils vier Quadraten hast.

Schritt 4: *Klapp die Säume auseinander und bügle sie flach.*

Schritt 5: *Nun nähst du deine vier Streifen zusammen. Leg den ersten Streifen Muster auf Muster auf den zweiten und steck sie an einer Seite mit Stecknadeln zusammen. Näh die zwei Streifen zusammen, genau auf der Linie aus Schritt 1. Genauso machst du es mit den nächsten zwei Streifen. Bügle vorsichtig, damit das Muster keine Falten bekommt.*

Eine Nähmaschine benutzen

Wenn du zu Hause eine Nähmaschine hast, kannst du die Geradstiche auch damit nähen. Jede Nähmaschine ist ein wenig anders, bitte also eine erwachsene Person, dir zu zeigen, wie man damit umgeht.

Schritt 6: *Leg die vernähten Quadrate auf das Volumenvlies – das Material, das das Kissen weich und fluffig macht – und schneid es auf die gleiche Größe zu. Bügle den Quilt-Topper vorsichtig, so haftet er am Vlies.*

Schritt 7: *Jetzt verbindest du Topper und Vlies mit einigen Geradstich-Nähten. Du kannst dafür dem Design deiner Quadrate folgen und in 1 cm Abstand zu den Nähten sticken.*

Aber du kannst auch gerade Nähte über das ganze Kissen nähen oder dein eigenes Design erfinden!

Schritt 8: *Miss die Vorderseite des Kissens aus, es sollte 43 cm x 43 cm groß sein.*

Falls nötig, schneide jede Seite gleichmäßig ab, bis du die richtigen Maße hast.

Die Kissenrückseite nähen

Schritt 1: *Klapp bei beiden Stoffen für die Rückseite 1 cm Stoff zurück und bügle ihn glatt. Die Seite, die du faltest, sollte eine der kürzeren Seiten sein.*

Schritt 2: *Klapp den Streifen noch einmal um und bügle ihn, um die Schnittkanten zu verstecken.*

Schritt 3: *Näh mit einem Geradstich einen Saum.*

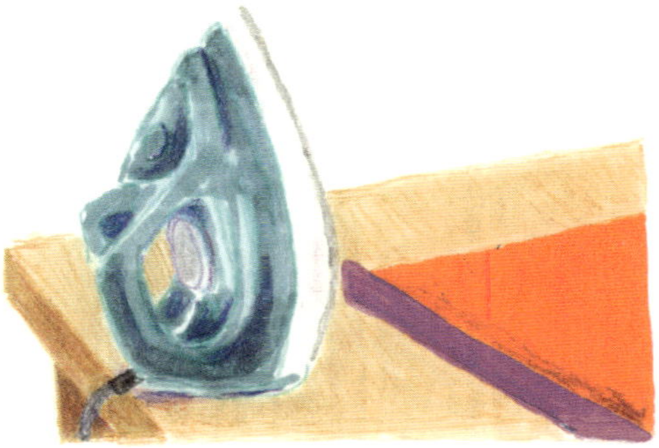

Vorder- und Rückseite zusammennähen

Schritt 1: *Leg den Quilt mit dem Muster nach oben auf deine Arbeitsfläche. Dann platzierst du das 48 x 38 cm große Rechteck auf dem Quilt, mit dem Muster nach unten – also Muster auf Muster. Die gesäumte Seite ist oben.*

Schritt 2: *Leg das 48 cm x 30 cm große Stoffstück mit dem Muster nach unten auf die anderen Lagen, bündig mit dem oberen Rand (jetzt sieht man den Saum des ersten Rückenteils nicht mehr). Die gesäumte Seite liegt diesmal unten. Steck beide Teile mit Stecknadeln am Quilt fest.*

Miss die Kissenrückseite. Sie sollte genauso groß sein wie die Vorderseite, also 43 cm x 43 cm. Falls nötig, schneid die Seiten gleichmäßig auf die richtige Länge.

Schritt 3: *Zeichne eine Nahtzugabe von 1 cm ein. Näh entlang der Linie Vorder- und Rückseite zusammen.*

Falls du eine Zackenschere hast, schneid mit ihr die fransigen Kanten ab. So riffelt nichts aus.

Schritt 4: *Zieh dein Kissen auf rechts und füll es mit der Kissenfüllung.*

PAPIERFLIEGER FALTEN

Viele Leute denken, dass die ersten Papierflieger vor mehr als 2000 Jahren in China aus Papyrus gefaltet wurden. Andere sind der Meinung, der italienische Künstler und Wissenschaftler Leonardo da Vinci habe sie erfunden, als er an seinem Ornithopter baute – einer Art Flugmaschine. Eine unseren heutigen Fliegern ähnlichere Version eines Papierflugzeuges wurde von Jack Northrop von der Lockheed Aircraft Corporation in den 1930er-Jahren entwickelt. Papierflieger gewannen während des Zweiten Weltkrieges unter Kindern an Beliebtheit, als die Materialien für andere Spielzeuge immer knapper wurden. Auch heute noch ist Papierfliegerbasteln ein beliebter Zeitvertreib. Talentierte »Pilotinnen und Piloten« können sogar an internationalen Papierfliegermeisterschaften teilnehmen.

Verschiedene Papierflieger

Hier siehst du einige beliebte Papierflieger-Faltungen.
Probier ein paar von ihnen aus oder entwickle dein eigenes Design!

1

2

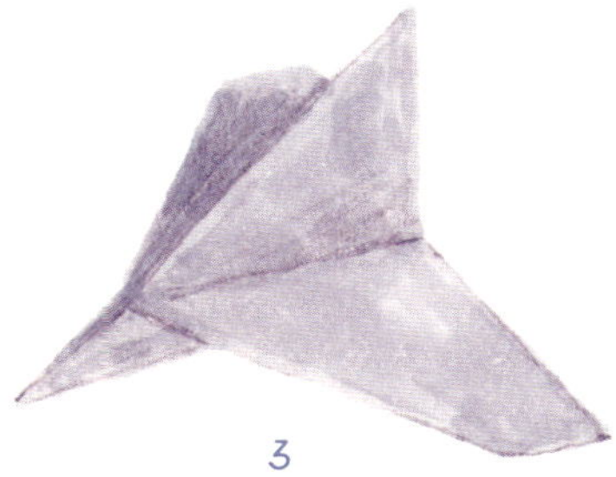

3

4

5

6

7

8

9

10

11

1. Standardflieger
2. Pfeil
3. Sprinter
4. Schwalbe
5. Gleiter
6. The Buzz
7. Düsenjet
8. Gleiter II
9. Royal Wing
10. Lastenflieger
11. Schwalbe II

Schritt-für-Schritt-Anleitung zum Falten eines Pfeil-Papierfliegers

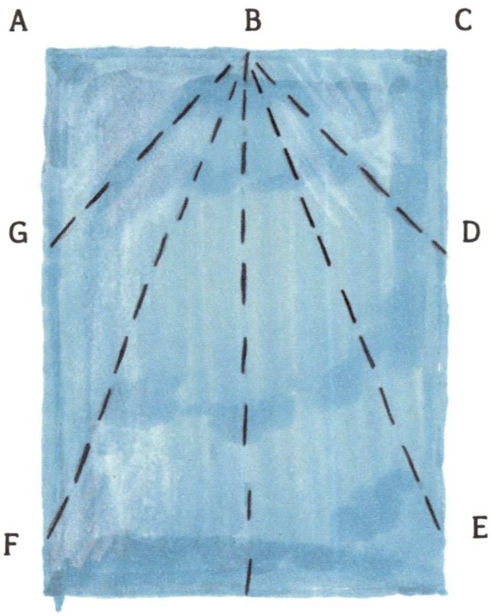

Schritt 1: *Nimm ein rechteckiges Blatt Papier und leg es auf eine glatte Oberfläche. Sieh dir die Markierungen an – du musst sie nicht aufs Papier schreiben, nur im Kopf behalten, wenn du die Anweisungen liest.*

Schritt 2: *Falte das Papier an der langen Seite, drück den Falz mit dem Finger glatt.*

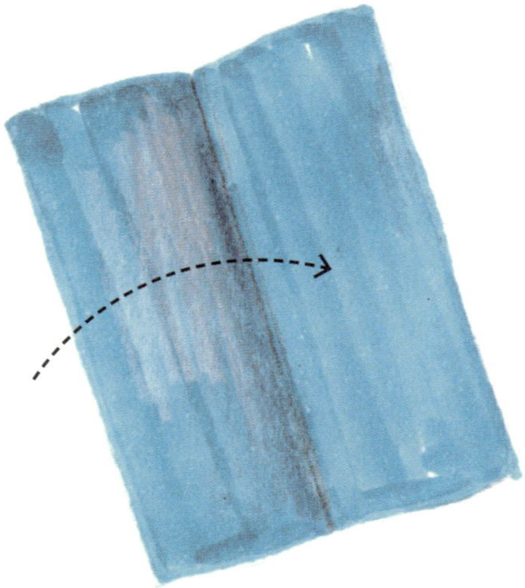

Schritt 3: *Öffne das Papier wieder und falte Ecke A zur Mittellinie, sodass zwischen Punkt B und G ein Dreieck entsteht.*

Wiederhole dies mit Ecke C und bilde ein Dreieck zwischen Punkt B und D.

Schritt 4: *Falte die Ecken G und D noch einmal zur Mitte. Diese Knicke verlaufen entlang der Linien zwischen B und F und B und E.*

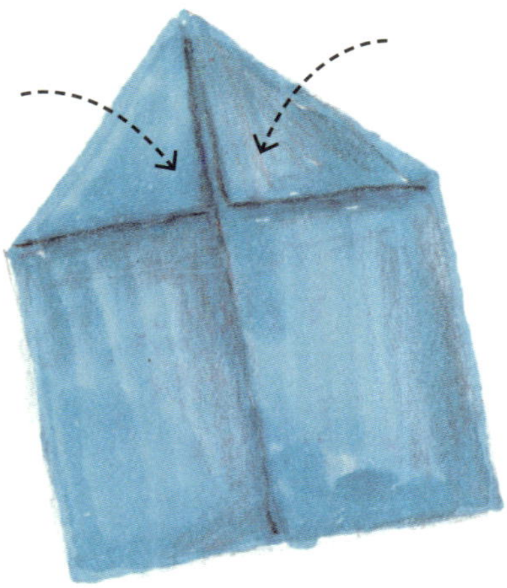

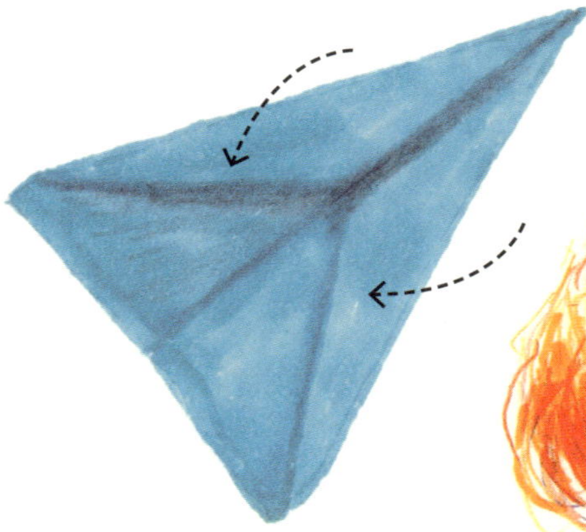

Schritt 5: *An der Mittellinie entlang faltest du nun das Papier zusammen.*

Schritt 6: *Knicke eine Seite so herunter, dass die obere Flügelkante die untere trifft. Wiederhole dies auf der anderen Seite.*

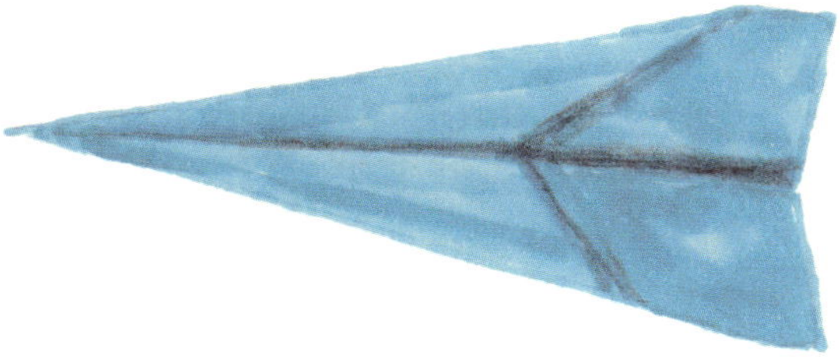

Schritt 7: *Falte die Kanten der Flügel nach oben.*

Jetzt ist dein Flieger bereit zum Abflug!

Tipps für einen guten Flug

Papierflieger profitieren von zusätzlichem Gewicht in der Nase. Versuch es einfach mit einer Büroklammer, Tackernadeln oder Klebeband.

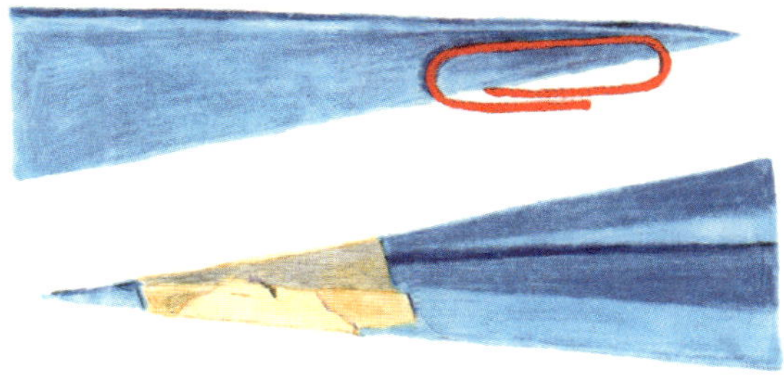

Für mehr Stabilität solltest du den Flieger mittig an der Unterseite festhalten.

Flugzeuge fliegen am besten mit identischen Flügeln. Achte darauf, dass deine beiden Flügel symmetrisch sind. Falls nicht, musst du nachfalten.

Je länger der Flieger, desto vorsichtiger muss er geworfen werden.

EIN OMELETT UND ANDERE EIERSPEISEN ZUBEREITEN

Der Ursprung unseres Omeletts liegt wahrscheinlich in Persien. Abwandlungen dieser beliebten Eierspeise gab es auch im antiken Japan und in Rom. Das Wort »Omelett« taucht zum ersten Mal im 17. Jahrhundert in Frankreich auf und geht zurück auf das altfranzösische Wort für »Klinge«, was an seine Form erinnern soll. Heutzutage sind Omeletts in vielen Ländern rund um den Globus beliebt. In Japan heißen sie Tamagoyaki und dort werden sie eher gerollt als geklappt.

Verschiedene Zubereitungsarten für Eier

Hartgekochte Eier

Bevor es ans Omelett geht, versuch dich doch mal an diesem einfachen Klassiker: das hartgekochte Ei.

Schritt 1: *Leg ein Ei in einen kleinen Topf und bedeck es mit kaltem Wasser. Bring dann das Wasser zum Kochen.*

Schritt 2: *Schalt den Herd aus, leg einen Deckel auf und lass das Ei für 12 Minuten im Wasser.*

Schritt 3: *Hol das Ei vorsichtig aus dem Wasser und leg es für 10 Minuten in eine Schüssel mit eiskaltem Wasser. So kocht es nicht weiter und ist leichter zu pellen.*

Schritt 4: *Knack die Schale rundherum mit einem Teelöffel, öffne sie mit dem Löffelgriff und fahr mit der runden Seite des Löffels vorsichtig zwischen Schale und Ei, um das Ei aus der Schale zu lösen.*

Schritt-für-Schritt-Anleitung für Omelett

Zutaten:

- 2 oder 3 Eier
- 1 Schuss Milch
- 1 Esslöffel Butter
- Salz und Pfeffer
- Füllungen deiner Wahl

Schritt 1: *Schlag die Eier in eine Schüssel. Füg Milch, Salz und Pfeffer hinzu. Verquirl die Eier mit einer Gabel, bis sich eine gleichmäßige gelbe Masse ergibt. Mix aber nicht zu lange.*

Schritt 2: *Lass die Butter oder Margarine in einer beschichteten Pfanne bei mittlerer Hitze schmelzen. Sie sollte den ganzen Pfannenboden bedecken.*

Schritt 3: *Gieß die Eiermischung vorsichtig in die Pfanne.*

Schritt 4: *Lass das Omelett heiß werden und rühr dabei nicht um. Wenn es kocht, schiebst du die Ränder vorsichtig mit einem Pfannenwender in die Mitte. Lass das flüssige Ei an heißere Stellen laufen, indem du die Pfanne vorsichtig hin und her bewegst.*

Schritt 5: *Wenn die Eier fast ganz gestockt sind, bestreust du die eine Hälfte des Omeletts mit der Füllung deiner Wahl und lässt sie für eine Minute kochen.*

Beliebte Omelett-Füllungen

1

2

3

4

5

6

7

8

9

10

11

12

1. Tomaten
2. gekochter Speck
3. gebratene Pilze
4. Käse (z.B. Gouda, Kräuterfrischkäse, Feta, Mozzarella)
5. Schinken oder Pancetta
6. Frühlingszwiebeln
7. Spinat
8. Avocado
9. Paprika
10. Kräuter (z.B Schnittlauch, Petersilie, Dill, Basilikum)
11. Bratkartoffeln
12. Röstzwiebeln

Schritt 6: *Heb mit Hilfe eines Pfannenwenders eine Seite des Omeletts an und klapp sie auf die andere. Lass das Omelett auf einen Teller gleiten und serviere es.*

ENTDECKE DIE WELT DER FOTOGRAFIE

Erstmals schriftlich erwähnt wird eine Camera obscura, auch Lochkamera, im fünften Jahrhundert vor unserer Zeitrechnung vom chinesischen Philosophen Mozi. Camera obscura ist Latein und bedeutet »dunkles Zimmer«. In einer Camera obscura wird ein Bild an eine Wand geworfen, wenn Licht durch ein kleines Loch in einen Raum oder eine Schachtel fällt. Das Prinzip wurde jahrhundertelang dazu verwendet, Sonnenfinsternisse zu beobachten oder Zeichnungen anzufertigen. Im 19. Jahrhundert entwickelte der französische Erfinder Joseph Nicéphore Niépce das erste erhaltene Foto, ein Blick aus dem Arbeitszimmer. Die Belichtung dauerte mehrere Tage. Die Lochkamera war auch die technische Grundlage für unsere modernen analogen und digitalen Fotoapparate.

Wie funktioniert eine Lochkamera?

Eine Lochkamera ist die einfachste Version einer Kamera und besteht aus einem lichtundurchlässigen Kasten oder Raum mit einem kleinen Loch in der Wand. Licht breitet sich in geraden Strahlen aus. Wenn also Licht durch das Loch fällt, entsteht an der gegenüberliegenden Wand ein auf dem Kopf stehendes Abbild des fotografierten Objekts.

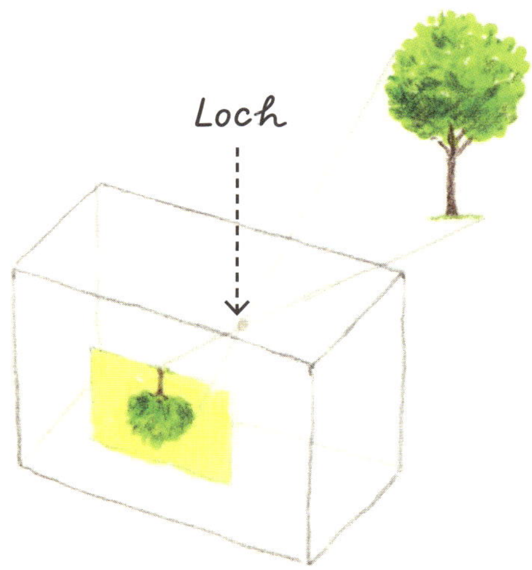

Fotografie im Laufe der Zeit

In den letzten 200 Jahren haben sich Kameras sehr verändert. Hier findest du einen Überblick über die Meilensteine der Geschichte der Fotografie.

1826 Joseph Nicéphore Niépce gelingt die erste Fotografie überhaupt mit einer Camera obscura.

1839 Louis Daguerre entwickelt ein schnelleres und genaueres Fotografieverfahren, die Daguerrotypie.

1888 Kodak verkauft die erste kommerzielle Kamera.

1947 Polaroid stellt die erste Sofortbildkamera vor.

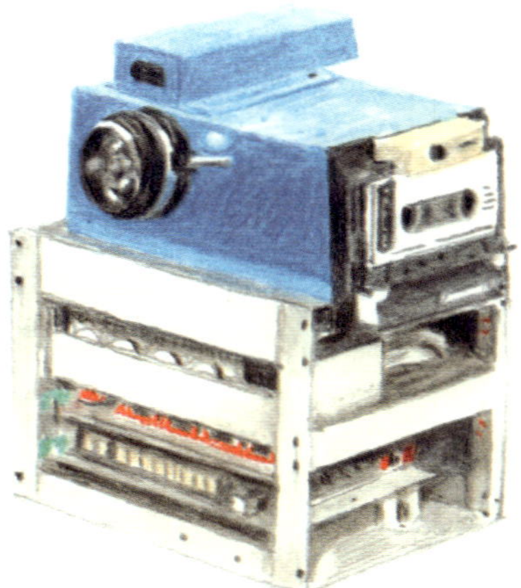

1975 Eastman Kodak erfindet die erste Digitalkamera.

1999 Kyocera bringt die erste Handykamera auf den Markt.

Deine eigene Lochkamera

Mit diesem einfachen, selbstgemachten Gerät siehst du die Welt kopfstehen.

Material:
- leere Küchen-papierrolle
- Schere
- Wachspapier
- Klebeband (schwarz oder eine andere dunkle Farbe)
- Alufolie
- Stecknadel oder Nadel

Schritt 1: *Schneid mit der Schere ein etwa 5 cm breites Stück Rolle ab und heb es auf.*

Schritt 2: *Deck das Rollenende mit einem Stück Wachspapier ab. Kleb es an dem längeren abgeschnittenen Rollenstück fest.*

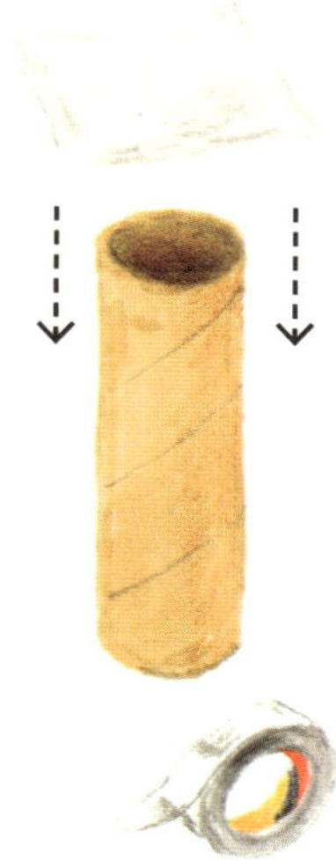

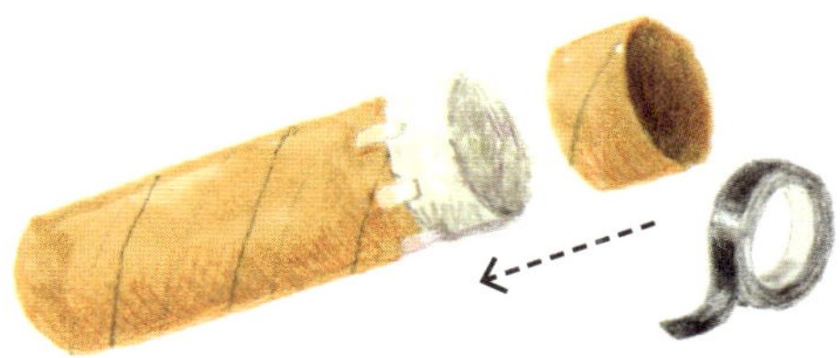

Schritt 3: *Kleb das kleinere Stück Rolle an seiner alten Position (über dem Wachspapier) mit dunklem Klebeband wieder fest.*

Schritt 4: *Schneid ein Stück Alufolie ab und bedecke damit das andere abgeschnittene Ende der Rolle. Befestige es mit Klebeband. Achte darauf, dass die glänzende Folienseite innen liegt.*

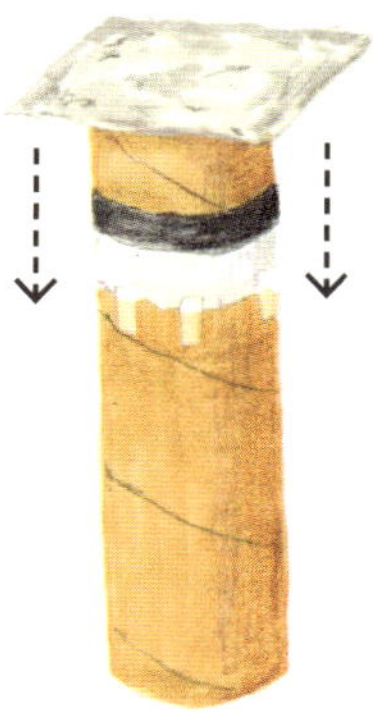

Schritt 5: *Pieke mit der Nadel ein kleines Loch in die Mitte der Alufolie.*

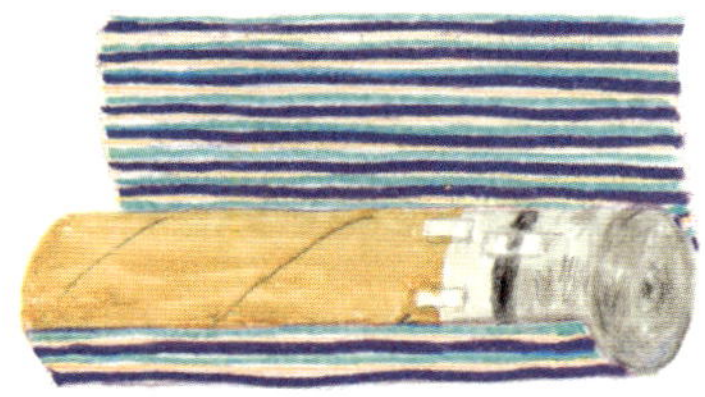

Schritt 6: *Wickle die ganze Röhre in Papier als zusätzliche Verdunklung.*

Schritt 7: *Halte die offene Seite der Röhre an dein Auge und richte das Loch auf einen Gegenstand. Gut beleuchtete Dinge funktionieren am besten. Du wirst ein auf dem Kopf stehendes Abbild des Gegenstandes sehen.*

Mach deine eigenen Sonnendrucke

Sonnendrucke, auch Cyanotypie-Drucke genannt, sind eine einfache und günstige Art der Fotografie, für die du keine Kamera brauchst – nur Sonnenlicht und spezielles Fotopapier. Diese Drucktechnik wurde im 19. Jahrhundert von dem Astronomen Sir John Herschel erfunden, der damit Kopien seiner wissenschaftlichen Notizen und Diagramme herstellen wollte. Später nutzte die Botanikerin Anna Atkins diese Technik, um Bilder von Pflanzen zu machen. Cyanotypien erkennst du an ihrer dunkelblauen Farbe, die bei der chemischen Reaktion von Sonnenlicht und einem speziellen Eisensalz entsteht. Die Methode wurde auch zum Kopieren von Bauzeichnungen verwendet, vielleicht kennst du ja den Begriff »Blaupause«.

Schritt-für-Schritt-Anleitung für Sonnendrucke

Material:

- Sonnendruckpapier (aus dem Bastelladen)
- kleine Gegenstände (z. B. Blätter)
- eine Unterlage, die etwas größer als das Papier ist, z. B. ein Backblech.
- durchsichtige Acrylplatte

Schritt 1: *Starte drinnen in einem möglichst dunklen Raum. Leg dein Papier auf die Unterlage und platziere deine Gegenstände beliebig darauf.*

Versuch, die Dinge danach nicht mehr zu bewegen.

Schritt 2: *Sobald du zufrieden mit der Anordnung bist, kannst du die Acrylplatte vorsichtig darüberlegen.*

An windigen Tagen verrutscht so nichts.

Schritt 3: *Trag die Unterlage vorsichtig nach draußen in die Sonne. Die Gegenstände sollten dabei nicht verrutschen.*

Schritt 4: *Lass alles direkt in der Sonne liegen, bis das Papier sich überall verändert hat. Je nachdem, wie stark die Sonne an dem Tag scheint, dauert das zwischen 5 Minuten und mehreren Stunden. Das Sonnendruckpapier wird sehr hell oder sogar weiß sein, wenn es fertig ist.*

Schritt 5: *Hol das Papier ins Haus und spül unter fließendem Wasser alle Chemikalien ab.*

Der Hintergrund wird blau und die Bereiche, wo deine Gegenstände gelegen haben, weiß.

Schritt 6: *Trockne deine Drucke an einer Leine.*

VERGESSENE FERTIGKEITEN WIEDERENTDECKEN

Viele Fertigkeiten sind über die Jahre in Vergessenheit geraten, aber in diesem Buch konnten wir dir immerhin ein paar vorstellen.

Je nachdem, ob du gerne draußen unterwegs bist, kochst, baust oder malst, gibt es noch viel mehr zu lernen.

Eine Möglichkeit, Neues zu entdecken, ist nachzufragen. Geh zu einem älteren Erwachsenen – z. B. zu deinen Großeltern, Verwandten, Nachbarinnen, Lehrkräften oder Freunden deiner Eltern. Sprich mit ihnen darüber, was sie unternommen haben, als sie jung waren. Was wurde damals anders gemacht? Wenn etwas interessant klingt, frag nach, ob er oder sie dir das beibringen könnte, und verabredet euch dafür. Vergiss nicht zu fragen, ob noch Material benötigt wird, bevor es losgehen kann.

Wenn du offen dafür bist, Neues auszuprobieren und es weiter zu üben, kannst du das Kind sein, das diese Fertigkeit vor dem Vergessen bewahrt!

Was hast du an einem sonnigen Nachmittag am liebsten gemacht, als du so alt warst wie ich?

Was hast du am liebsten gegessen, als du so alt warst wie ich?

Welche Spiele hast du gespielt?

Was war als Kind dein liebstes Hobby?

Womit hast du draußen Zeit verbracht?

Was hast du als Kind gemacht, was heute nicht mehr so oft gemacht wird?

Wie hast du im Haushalt geholfen?

NOCH MEHR IDEEN …

Es gibt noch unzählige **vergessene Fertigkeiten** zu entdecken. Warum versuchst du es nicht mal mit den Vorschlägen unten? Du kannst dir dazu Bücher holen oder Videos im Internet anschauen, aber am schönsten ist es, wenn es dir ein älterer Erwachsener selbst erklärt.

Wer **KNOTEN KNÜPFEN** *mochte, mag vielleicht auch*
- *Macramé*
- *Seemannsknoten*

Wer **ANGELKNOTEN** *mochte, mag vielleicht auch*
- *Stillwasserangeln*
- *Fliegenfischen*

Wer **DANKESKARTEN SCHREIBEN** *mochte, mag vielleicht auch*
- *Kalligrafie*
- *eigene Grußkarten entwerfen*

Wer **LAGERFEUER** *mochte, mag vielleicht auch*
- *Outdoor-Küche*
- *Zelte aufschlagen*

Wer **PIE BACKEN** *mochte, mag vielleicht auch*
- ***Torte backen***
- ***Kekse backen***

Wer **MIT DEM KOMPASS UMGEHEN** *mochte, mag vielleicht auch*
- *Karten lesen*
- *Orientierung mit Hilfe von Sonne, Sternen und Natur*

Wer **VÖGEL FÜTTERN** *mochte, mag vielleicht auch*
- *ein Vogelhaus bauen*
- *Vogelbeobachtung*

Wer **MIT PACKPAPIER UND SCHNUR EINPACKEN** *mochte, mag vielleicht auch*
- *eigenes Geschenkpapier herstellen*
- *eine Papiergirlande basteln*

Wer **VON HAND NÄHEN** *mochte, mag vielleicht auch*
- *Sticken*
- *Gobelinstickerei*

Wer **TOMATEN ANBAUEN** *mochte, mag vielleicht auch*
- *Lieblingsgemüse anbauen*
- *eine Tomatensauce kochen*

Wer **EINEN PLATTEN REPARIEREN** *mochte, mag vielleicht auch*
- *Fahrradketten säubern und schmieren*
- *Bremsen anziehen*

Wer **KNÖPFE ANNÄHEN** *mochte, mag vielleicht auch*
- *ein Hemd bügeln*
- *Reißverschlüsse reparieren*

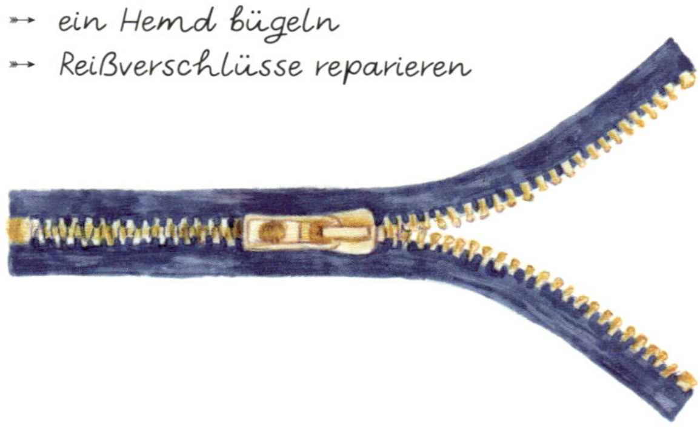

Wer **GURKEN EINLEGEN** *mochte, mag vielleicht auch*
- *Marmelade einkochen*
- *Apfelessig herstellen*

Wer **LIMONADE** mochte, mag vielleicht auch
- frischgepressten Orangensaft
- Milchshake

Wer **KRÄUTER ANBAUEN UND TROCKNEN** mochte, mag vielleicht auch
- eine Gewürzmischung herstellen
- Blumen trocknen

Wer **SOCKEN STOPFEN** mochte, mag vielleicht auch
- Hosen säumen
- Pullover flicken

Wer **NATURFARBEN** mochte, mag vielleicht auch
- Blumen arrangieren
- eine Wand streichen

Wer **STEINEHÜPFEN** mochte, mag vielleicht auch
- Himmel und Hölle spielen
- Drachen fliegen lassen

Wer **MÜNZTRICKS** mochte, mag vielleicht auch
- Kartentricks
- eine Zaubershow aufführen

Wer **QUILTEN** mochte, mag vielleicht auch
- Häkeln
- Stricken

Wer **PAPIERFLIEGER FALTEN** mochte, mag vielleicht auch
- ein Kartenhaus bauen
- Origami

Wer **OMELETTS UND ANDERE EIERSPEISEN ZUBEREITEN** mochte, mag vielleicht auch
- Pfannkuchen backen
- gefüllte Eier

Wer **FOTOGRAFIEREN MIT DER LOCHKAMERA UND SONNENDRUCKE** mochte, mag vielleicht auch
- eine Kamera mit Film verwenden
- ein Fotoalbum mit Abzügen erstellen

WEITERE BÜCHER ZUM THEMA

Ina Andresen, Stefanie Kroth, *Näh mit! Das große Ideenbuch*, Stuttgart 2021.

Craig Candill, *Die verborgenen Zeichen der Natur. Was uns Himmel, Wetter, Wasser, Pflanzen und Tiere über unsere Welt verraten*, Berlin 2022.

Elizabeth Davey, *Heute back ich … Brot!: Der Weg vom Getreide zum Mehl und viele leckere Rezepte*, München 2022

Pia Deges, *Basteln mit Natur: Kunterbunte Kreativideen für Kinder*, Stuttgart 2016.

Andrea Küssner-Neubert, *Das Nähbuch für Kinder – alles von Hand genäht*, München 2016.

Karoline Lawson, *Schere, Stein, Papier: Basteln mit Naturschätzen. Ideen und Vorlagen für das Basteln mit Kindern*, Aarau und München 2022.

Marlies Schiller, *Das große Jahreszeiten-Bastelbuch. 52 Ideen für 52 kreative Wochen*, München 2021.

Meine erste Kochschule: Kochen und Backen für Kids, München 2019.

GLOSSAR